POLITICS
AND LAW REVIEW

政治与法律评论 第十四辑

政法法学的新视野

主　　编　章永乐
执行主编　吴　双

当代世界出版社
THE CONTEMPORARY WORLD PRESS

政法法学的新视野
《政治与法律评论》第 14 辑

主办单位：北京大学国家法治战略研究院
主　　编：章永乐
执行主编：吴　双
编辑委员会：（按姓氏笔画排序）
　　　　　　于　明　华东政法大学法律学院
　　　　　　孔　元　中国社会科学院欧洲研究所
　　　　　　田　雷　华东师范大学法学院
　　　　　　刘　晗　清华大学法学院
　　　　　　陈　颀　中山大学法学院
　　　　　　邵六益　中央民族大学法学院
　　　　　　欧树军　中国人民大学政治学系
　　　　　　章永乐　北京大学法学院
　　　　　　赵晓力　清华大学法学院
　　　　　　常　安　西北政法大学人权研究中心
　　　　　　强世功　北京大学法学院
　　　　　　魏磊杰　厦门大学法学院

目 录

【主题研讨：政法法学】

"政法法学"的兴起与扩展
　　——以法学研究格局为基础展开
　　　／刘　磊／3

"政法"与"人民司法"的历史辩证法
　　　／陈洪杰／32

【主题评论：邵六益《政法传统研究》】

"政法法学"如何可能？
　　——评《政法传统研究——理论、方法与议题》
　　　／丁　轶／61

开掘当代中国法律的知识谱系
　　——《政法传统研究——理论、方法与议题》读后的理论反思
　　　／吕康宁／84

"政法法学"研究范式的转型与突破
　　　／张文波／111

作为理论框架的政法体制
　　——打进"帝国—民族国家"认识范式中的楔子
　　　／张嘉源／121

【学术专论】

在美国宪法中认识政党
　　　　——以"白人初选案"为中心的讨论
　　　／孙竞超／145

巧妇可为无米之炊?
　　　　——政法体制和行政化法院视域下的案例指导制度
　　　／赵浴辰／172

施米特问题及其 20 世纪的回响
　　　　——评王钦《悬而未决的主权决断》
　　　／易葳钊／190

主题研讨：政法法学

"政法法学"的兴起与扩展
——以法学研究格局为基础展开

刘 磊[*]

一、引言

作为一个学术概念,"政法法学"一词出现在20世纪之初,被用于指称我国法学研究中与"诠释法学""社科法学"并列的一种研究进路。[1] 此后历经十余年时间,随着法学研究不断发展,此前的"诠释法学"为"法教义学"这一新称谓所替代,我国法学研究逐渐形成"法教义学""社科法学""政法法学"三足鼎立的基本格局。近十年左右,社科法学与法教义学相互之间展开持续的对话,最初在概念、立场、范畴、方法层面交锋,之后延展到在诸多具体问题领域进行对话,从而形成繁荣的学术景观。[2] 在这场学术讨论中,作为

---

[*] 刘磊,西南财经大学法学院副教授。
[1] 参见苏力:《也许正在发生——中国当代法学发展的一个概览》,载《比较法研究》2001年第3期,第1—9页。
[2] 基于中立者立场的总结性讨论,可参见谢海定:《法学研究进路的分化与合作——基于社科法学与法教义学的考察》,载《法商研究》2014年第5期,第87—94页;苏永钦:《法学为体,社科为用——大陆法系国家需要的社科法学》,载《中国法律评论》2021年第4期,第83—95页;熊秉元:《论社科法学与教义法学之争》,载《华东政法大学学报》2014年第6期,第141—145页。

"三足鼎立"格局之"当局者"的政法法学，总体上并未成为社科法学或法教义学的对话对象，然而这并不意味着政法法学真的缺席。实际上，无论在具体法治实践层面，还是在理论研究之中，"政法"都是衡量当代中国法治深层底色的关键词，以"政法"为进路的研究亦长期存在。为了弥补学术对话上的缺失，本文拟梳理我国政法法学的发展脉络，探究政法法学的兴起谱系以及现实功能。[3] 本文认为，政法法学正在迈向新生，将法教义学、社科法学、政法法学三者相结合，或将迎来"新政法法学时代"。

在法教义学、社科法学、政法法学三者之间，法教义学以规范文本为中心展开对法律条文的解释与审视，社科法学倡导用社会科学的方法分析法律问题。按照苏力教授的界定，政法法学的主要特点在于采取"政治话语和传统的非实证的人文话语"，运用"并不是近代意义上的、强调法律职业性的法律思想"。[4] 实际上，从近年的学术发展来看，存在两种意义上的政法法学。一种是苏力在讨论法学研究格局时所界定的政法法学；另一种则是以政法实践、政法体制等为研究对象的政法法学。在前一种意义上，政法法学的研究方法或思考进路有别于法教义学和社科法学，有其相应的特点；而在后一种意义上，政法法学指向一定的问题域，而这些问题则构成理解当代中国法治的关键。无论是法教义学中偏重规范分析的方法，抑或是社科法学所侧重的经验研究和社会科学方法，都可以用于政法法学研究。在上述两种意义上，政法法学有别于法教义学、社科法学的根本点在于，政法法学强调法学研究与政治之间的密切关联，基本取向和主线是以政

---

[3] 当然，本文并不是对政法法学研究谱系的全景式呈现，而是基于特定的角度尝试展开探讨，难免挂一漏万。

[4] 苏力：《也许正在发生——中国当代法学发展的一个概览》，载《比较法研究》2001年第3期，第3页。

治统摄和引领法治。

在20世纪70年代末以来的法学发展中,学术性与政治性的关系是一个引发广泛关注的问题,法教义学、社科法学的出现与发展,不仅与法律实践对具体知识的需求密切相关,也与政治权力对"真理"研究的垄断色彩逐渐褪去紧密关联,是法学研究向学术轨道回归的一种体现。[5] 可以认为,法教义学、社科法学的出现以及自主发展,很大程度上是建立在学术与政治相对分离的基础之上,是知识界为了探求去政治化的"纯粹学术"而形成的一种智识努力。与这种取向不同的是,政法法学并不试图探究与政治无涉的法学智识,而是在一定政治取向观照的基础上,讨论并回应法治构建和运行中的理念、方向、体制、道路等问题,而不是展开"没有政治的工具性分析"[6]。

正是因为与政治存在密切关联,政法法学具有不同于法教义学、社科法学的特点。一方面,政法法学秉持特定的整体秩序观。法教义学是以法律规范作为研究中心,围绕法律规范展开诠释与适用,具体法律条文之外的整体秩序构造并不属于法教义学的关注范畴。或者说,在法教义学的研究视域中,特定社会构成中的整体秩序已经形成并确定为法律规范体系,基于法律规范体系展开诠释是对既有整体秩序的恪守与遵从。在此意义上,法教义学所秉持的秩序观隐藏于法律规范之中,即"假定现行法秩序大体看来是合理的"[7]。即使对法律条文展开审视或批判,法教义学所做的也是法秩序内部的自我批判,在现存体系本身固有的

---

[5] 参见谢海定:《法学研究进路的分化与合作——基于社科法学与法教义学的考察》,载《法商研究》2014年第5期,第87页。

[6] 邵六益:《社科法学的知识反思——以研究方法为核心》,载《法商研究》2015年第2期,第119页。

[7] [德]卡尔·拉伦茨:《法学方法论》,陈爱娥译,商务印书馆2003年版,第77页。

范围内开展论证。[8] 另一方面，政法法学将"政治"作为关键主线。在法律与政治的关系上，政法法学倾向于将政治作为第一性，法律作为第二性，认为法律是政治的派生。与之相比，社科法学体现的是"非'政治—法学'分析路径的理路"[9]，通常并不强调法律与政治的关系，或者在对这一问题的讨论上持相对中立的态度，主要立足于"事实"与"价值"相分离的问题论域，偏重于"对过往法律历史和法律现实的经验总结"，而不是"对法律现实的批判乃至为构建良好法治秩序的宏观展望"[10]。在法教义学的讨论视域中，政治退隐在法律之后，法律是对政治的显性表达以及约束，甚至会认为法律应当是第一性的，而政治则是第二性的。正是由于存在这样的差别，政法法学有其相对的独立性，对社科法学、法教义学的讨论并不能替代对政法法学的探究。

二、"政法法学"的历史向度：革命与启蒙

（一）作为教育形态的政法法学

改革开放之前，法学在我国总体上并未成为一种独立的学科形态，而是作为国家学说的一个组成部分，主要任务是为政法机关培养干部。在当时，政法机关的定位是专政工具，形象的表达是人民民主专政的"刀把子"。"对人民内部的民主方面和对反动派的专政方面，互相结合起来，就是人民民主专政。"[11] 在20世纪50年代，董必武曾强调："司法工作的刀锋是对着反革命，

---

[8] 参见白斌：《论法教义学：源流、特征及其功能》，载《环球法律评论》2010年第3期，第5—17页。

[9] 邓正来：《中国法学向何处去——建构"中国法律理想图景"时代的论纲》，商务印书馆2006年版，第54—55页。

[10] 强世功：《中国法律社会学的困境与出路》，载《文化纵横》2013年第5期，第120页。

[11] 毛泽东：《毛泽东选集》第4卷，人民出版社1991年版，第1475页。

现在提出'无反革命'的口号是危险的。"[12] 基于政法机关的这种定位，法学的政治属性十分明显，主要是为对敌专政服务。譬如，1952年11月，北京政法学院成立，时任中央政法委员会副主任的张奚若在成立典礼上强调："革命成功了，要巩固这成功就一定要有种种的法律来保障，一方面保护人民利益，一方面镇压反对者。所以这样说，政法工作就是革命工作的一部分，新社会必须有新的法律来巩固它。"[13]

在当时的条件中，政法法学并未成为一种学术研究形态，但是已作为法学教育的一种形态广泛存在，起初是服务于新中国成立之初的政权建设与巩固，重点在于培养干部的政治素养，破除之前法学教育中存在的帝国主义、封建主义、官僚资产主义因素。随着新中国的政权渐趋稳固，作为法学教育形态的政法法学逐渐将政治素养与法律业务并重。但在当时的国家治理中，法律以及司法的作用并不突出，政法法学教育中有关法律业务的传授较为粗疏，大量的概念和术语是以革命话语的方式呈现并运用。客观来看，应当认识到这段时期的政法法学有其历史性，当时所要解决或回应的主要问题是政权问题，即便是纠纷化解也会归属于人民民主专政的政治意义，实质上是"强调政治性的法律教育"[14]。在这一个阶段，"政党组织技术和法律程序技术之间征服与反征服的斗争"[15] 一直持续，政法教育深受政党对革命或阶级斗争形势判断的影响。20世纪60年代之后，法律程序的技

---

[12] 董必武：《董必武法学文集》，法律出版社2001年版，第414页。
[13] 参见张奚若：《中央政法委员会张奚若副主任的讲话》（1952年11月24日），载中国政法大学档案馆：《法大记忆——60年变迁档案选编》，中国政法大学出版社2012年版，第21页。
[14] 参见陈柏峰：《我国政法教育的变迁与展望》，载《现代法学》2022年第2期，第7页。
[15] 强世功：《法制与治理——国家转型中的法律》，中国政法大学出版社2003年版，第136页。

术性改造和运用退居幕后,政法教育抑或政法法学主要是以阶级斗争的面向呈现,主要的话语资源来源于马列经典作家以及政治领袖的论断,在70年代则短暂地出现过借用中国传统的"儒法之争"来阐释政法议题甚至政治路线的现象。

改革开放之后,政法法学逐渐从此前注重专政的政法教育的范畴走出,开始在学术性的层面上发挥作用。在20世纪80年代的语境中,以法条诠释或以实证调研为特征的法学研究开始萌芽,但居于主导地位的仍然是政法法学。在当时,政法法学有两种主要表现形态,从属于80年代的革命与启蒙的变奏:其一,政法法学是为"拨乱反正"服务,尤其要为证成法治提供话语支撑;其二,政法法学仍然需要结合当时特定的国内外形势,为巩固国家政权服务。在这两种表现形态中,政法法学扮演的角色始终深受"启蒙"与"革命"两种取向的拉锯和影响,从而形成内在的双重底色。

(二)政法法学的"启蒙"向度

在"启蒙"的层面上,政法法学的核心任务是为"法治"正名,其中的关键问题是"法治"与"人治"的关系,通过反思或批判"人治"以证成"法治"。最初的讨论是从历史学界开始的。1977年,《文史哲》杂志发表一篇题为《商鞅法治的主要目的是什么?》的文章。[16] 1979年,《人民日报》发表文章《人治与法治》,依然延续"儒法斗争"的话语,然而论述策略已经发生明

---

[16] 这篇文章重新解释了以商鞅为代表的法家的主张。在20世纪70年代中期"评法批儒"运动中,法家是被视为进步的力量,儒家则被视为落后的力量。而在这篇文章中,法家有压迫人民的一面,例如"商鞅打击不法奴隶主是为了巩固地主统治农民"。出自葛懋春:《商鞅法治的主要目的是什么?——评梁效〈论商鞅〉》,载《文史哲》1977年第3期,第79页。

显变化，其具体指向转为倡导法治、反对人治。[17] 这种延续"儒法斗争"叙述策略为"法治"正名的政法话语，主要存在于20世纪70年代末和80年代初，在此之后，援引马列主义经典作家、西方启蒙思想家的主张而倡导"法治"的观点不断出现。20世纪70年代末的思想解放运动最初主要在马克思主义体系内部展开，援引的多是马列经典作家的论述。当时党内部分高层领导干部以及一些马克思主义知识分子从《1844年经济学哲学手稿》中所讨论的"异化"问题切入，用"人道主义"的马克思主义展开反思。[18] 在围绕马克思主义理论作出的阐述中，法的概念、法的本质（尤其是法的阶级性和社会性、法的阶级性和继承性）、马克思主义法学体系、民主与专政的关系等问题引起较多的讨论。[19]

自20世纪80年代中后期开始，政法法学出现新的面向，西方的理论著述，尤其是孟德斯鸠、洛克、卢梭等启蒙思想家的论述以及西方的现代化理论，为政法法学的论证进路注入了新的元素。在当时，知识分子群体以及部分与知识分子群体存在紧密联系，或者受其较多影响的政治人物，更多地使用西方理论作为反思中国现实与传统的思想工具，以此来推动他们所期待的"新启蒙"。在此期间，西方启蒙思想家的论著（主要是法国启蒙主义

---

[17] 这篇文章谈到："'四人帮'讲了不少儒法斗争，大讲儒家是反动的，法家是进步的。但是，他们对于先秦儒家和法家之间的一个根本的分歧却是讳莫如深，这就是：法家之所以称为法家，因为他们是主张法治的，而儒家则是主张人治的，认为要治理好国家，不在法律的有无和好坏，而在君王的贤明。'四人帮'不敢讲这一点，因为讲出这一点，既不利于他们自己肆意践踏法制的行为，也会暴露他们自己才是真正继承了儒家的反动的东西。"出自王礼明：《人治和法治》，载《人民日报》1979年1月26日，第3版。
[18] 当时这方面的讨论很多，参见人民出版社编辑部：《人是马克思主义的出发点——人性，人道主义问题论集》，人民出版社1981年版。
[19] 当时的讨论很多，其中《法学研究》杂志发表的一系列文章较具代表性。参见顾培东主编：《马克思主义法学及其中国化》，社会科学文献出版社2021年版，上编"马克思主义法学经典理论的阐释"。

和英美自由主义著作）日渐成为中国知识群体开展有关"法治"问题讨论的主要思想资源。在这样的思想氛围中，中国现代意义上的法治观念起源于西方，中国的法治构建主要沿袭追仿西方法治的道路展开。在当时对"救亡压倒启蒙"的反思潮流影响下，法治成为"新启蒙"的重要构成。

在20世纪80年代和90年代，以"启蒙"为取向展开的政法法学研究具有代表性的学术成果是提出"权利本位论"，并以此为基础逐渐形成"法律现代化"或"法制现代化"的理论范式[20]，从而推动我国法学研究及话语表达的范式转换。从80年代中期开始，权利和义务是法学的核心概念并构成法学基本范畴的主张，逐渐成为学术共识。之后，法学界进一步就权利和义务何者是更为根本的基石范畴作出探讨，最终，权利更具根本性、权利概念是法学的基石范畴的观点成为基本共识。这场讨论发端于20世纪80年代，兴起于90年代，最终在21世纪之初，"权利本位论"成为我国法学界的基础认知。[21] 从学术进路来看，围绕权利本位展开的讨论属于政法法学的进路。一方面，这种讨论的理论资源主要是马列经典作家论著或者是西方人文思想，采取的是人文性的而非以法条诠释或社科经验为主的论证方式。另一方面，经由这种学术讨论形成的权利话语，很快溢出知识界进入公共领域，成为公众舆论中认识和讨论法律乃至法治问题最具公约性的基础话语，这种话语的影响一直延续至今。不仅如此，权利本位的提出还对法教义学体系的构建和运用产生了深刻的影

---

[20] 关于对中国法律或法制"现代化范式"的学术梳理与讨论，参见邓正来：《中国法学向何处去——建构"中国法律理想图景"时代的论纲》，商务印书馆2006年版，第50—114页；公丕祥：《全球化、中国崛起与法制现代化——一种概要性的分析》，载《中国法学》2009年第5期，第17—28页。

[21] 参见张文显、于宁：《当代中国法哲学研究范式的转换——从阶级斗争范式到权利本位范式》，载《中国法学》2001年第1期，第63—79页；孙笑侠：《"权利本位说"的基点、方法与理念——兼评"法本位"论战三方观点与方法》，载《中国法学》1991年第4期，第48—53页；郑成良：《权利本位说》，载《政治与法律》1989年第4期，第2—5页。

响，尊重和保障权利成为法教义学阐释的前提与基础。近年来，理论界对"权利本位论"的当代意蕴作出进一步阐释，认为权利本位论可以划分出自由至上主义权利本位论、平等主义权利本位论和马克思主义权利本位论三个分支，而中国的权利本位论的继续发展则需要实现从"自说自话"到"中西对话"、从法哲学理论到多学科理论、从理论体系到实践方法论的转变。[22]

（三）政法法学的"革命"向度

与此同时，"革命"向度仍然是政法法学的基本构成，法学研究以及法学教育的政治性抑或政权属性仍然被强调。例如，1979年10月，当时的司法部副部长李运昌在北京政法学院的讲话中指出："同志们在这里学习，学什么呢？学通法律，掌握有力的武器，跟敌人作斗争。在政法这个工作岗位上，保障国家的安定团结，保障'四化'的真正实现。"[23]在20世纪80年代以及90年代的语境中，政法法学在"革命"层面上的功用集中体现在两个方面，它所使用的话语与改革开放之前的政治话语在一定程度上一脉相承，同时又结合新的社会条件融入了相应的时代元素。一方面，在对外关系上，最高决策层对于以"启蒙"作为法制基调持一定的保留态度，尤其是在20世纪80年代中后期，更加强调法制是为了社会秩序的稳定和社会各领域的发展，而非在于"启蒙"抑或张扬个体权利与自由。在这样的时代情境中，"无产阶级专政"被突出强调，并且以对"四项基本原则"的阐释来调适可能存在的方向性偏差。[24]另一方面，在对内关系上，

---

[22] 参见黄文艺：《权利本位论新解——以中西比较为视角》，载《法律科学》2014年第5期，第14—24页。

[23] 李运昌：《国务院司法部副部长李运昌同志在北京政法学院开学典礼上的讲话》（1979年10月24日），载《法大记忆——60年变迁档案选编》，中国政法大学出版社2012年版，第169页。

[24] 在当时，法学理论界也呼应这一政治要求，相关讨论可参见田平安：《法学教育必须坚持四项基本原则》，载《现代法学》1987年第1期，第8—9页；严宗：《"坚持四项基本原则与繁荣法学"理论讨论会综述》，载《中国法学》1990年第2期，第121—124页。

面对因市场经济开启、社会流动性加大以及生产过剩、就业吸收能力有限而出现的严峻的社会治安问题，政法工作的"刀把子"或专政属性被强调，中共中央明确提出开展"社会治安综合治理"[25]。对此，邓小平的一段论述尤为典型。1983年7月，邓小平强调："现在是非常状态，必须依法从重从快集中打击，严才能治住。搞得不疼不痒，不得人心。我们说加强人民民主专政，这就是人民民主专政。要讲人道主义，我们保护最大多数人的安全，这就是最大的人道主义！"[26]

随着时代观念的变化，尤其是法学教育的广泛开展，"刀把子"之类的表达逐渐从20世纪90年代的政法法学话语中淡去，政法法学在"革命性"或"政治性"上的特质主要通过"维稳治乱""平安有序""和谐友善"等维度具体展开，形成一些新的话语元素并一直延续至今。近年来，理论界在这些方面有诸多阐述，其中尤具代表性的是：中国人民大学黄文艺教授对政法范畴的本体论展开阐释，认为政法范畴是中国政治分类学的智识性产物，对应着一套具有特色的治理哲学，展现出法治和其他治道的分工协作、互济互补、相融相合的善治模式[27]；"平安中国"是表达中国政法实践的重要原创性概念，蕴含着相应的国家哲学与体系化的治理机制。[28] 喻中教授对"综合治理"作出专门阐释，认为这个构成理解中国法治的关键词体现了中国法治模式所

---

[25] 参见《中共中央关于加强政法工作的指示》（1982年1月13日）、《中共中央、国务院关于加强社会治安综合治理的决定》（1991年2月19日）、《全国人民代表大会常务委员会关于加强社会治安综合治理的决定》（1991年3月2日）。

[26] 邓小平：《邓小平文选（第三卷）》，人民出版社1993年版，第34页。

[27] 参见黄文艺：《政法范畴的本体论诠释》，载《中国社会科学》2022年第2期，第77页。

[28] 参见黄文艺：《"平安中国"的政法哲学阐释》，载《法制与社会发展》2022年第4期，第21—40页。

依赖的路径或方法。[29] 在对我国政法实践的阐释与总结中,"枫桥经验"具有显著的标识意义,引发理论界和实务界的广泛关注。[30]

从功能的角度来看,这种带有"革命"取向的政法法学并不仅仅是意识形态化的表达或是对政治倡导的简单宣示,实际上承载着重要的现实功用。即便从意识形态的层面来看,所谓意识形态也是"具有符号意义的信仰和观点的表达形式,它以表现、解释和评价现实世界的方法来形成、动员、指导、组织和证明一定的行为模式和方式,并否定其他的一些行为模式和方式"[31]。就此而言,政法法学在"革命"向度上构建和运用政治话语,具有开展组织体系动员与整合的现实功能。实际上,这种意义上的政法法学运用的是与国家政治语言具有家族相似性的话语表达,构成党政体制在政法领域开展意识形态濡化、组织体系动员以及推进具体工作的话语资源。相较于以西方理论范式为话语资源的一些学术性表达,这种与国家政治语言深度契合的政法法学,更能准确地传达党政体制在具体运行中的目标指向与活动内容,已经成为党政体制内可意会的、默示的表达方式。尽管在西方法治理论谱系中并不能找到这种话语表达的对应参照物,但这些话语表达确实能在政法工作场域中发挥相应的实际功用。

---

[29] 参见喻中:《论"治—综治"取向的中国法治模式》,载《法商研究》2011年第3期,第10—18页。

[30] 相关讨论很多,较具代表性的参见中国法学会"枫桥经验"理论总结和经验提升课题组:《"枫桥经验"的理论构建》,法律出版社2018年版;汪世荣:《"枫桥经验"视野下的基层社会治理制度供给研究》,载《中国法学》2018年第6期,第5—22页;李林:《推进新时代"枫桥经验"的法治化》,载《法学杂志》2019年第1期,第9—16、63页;刘磊:《通过典型推动基层治理模式变迁——"枫桥经验"研究的视角转换》,载《法学家》2019年第5期,第1—16、191页。

[31] [英]戴维·米勒、韦农·波格丹诺主编:《布莱克维尔政治学百科全书(修订版)》,邓正来等译,中国政法大学出版社2002年版,第368页。

三、"政法法学"的经验基础：体制与机理

（一）学术与时势复奏中的转变

尽管法治构建持续推进、学术研究不断发展，但以"革命"与"启蒙"作为主要向度、偏向于意识形态话语阐释的政法法学并不能充分且有效地回应许多现实问题。近十余年来，"政法体制"逐渐进入学术研究的视野，部分研究者开始将经验研究的方法带入政法法学，重点对政法体制展开考察。在"革命"和"启蒙"的历史向度上，政法法学主要体现出以理念阐述作为主要特点的研究进路，注重基于各种意识形态取向意义上的"政治正确"展开言语表达。随着"政法体制"成为研究对象，政法法学学术研究的经验维度逐渐显现，探究政法传统的经验基础成为研究的重要内容。政法法学向经验基础或经验维度转变的原因，可以从学术和时势两个方面来把握。

在学术层面上，社科法学在我国的兴起推动了政法法学经验维度研究的出现。在我国社科法学的发展历程中，苏力教授地位突出，他明显提升了法学经验研究的理论品质以及各方的问题敏锐度。在苏力早期的研究中，与政法议题联系密切的主要体现在两个方面——司法制度研究以及政党与司法制度研究。这两个方面无疑都触及中国政法体制的关键乃至核心要素，在很大程度上推动并启发了后来研究者沿袭经验进路讨论政法体制。

一是司法制度研究。在 20 世纪末到 21 世纪初，司法在法治中的作用日益突出，司法体制改革成为学术界的关注焦点。当时许多学者偏重于从西方法治理论谱系寻找支撑司法体制改革的论据，尤其是以美国司法作为理想模型。与此不同，苏力更强调从经验研究的进路考察中国的司法制度，尤其是法院的审判运行与审判管理机制。与当时以及此后许多关于司法制度的研究相比，苏力的代表性著作《送法下乡——中国基层司法制度研究》（以

下简称《送法下乡》）有更宏大的历史视野和政治关怀，将司法制度改革以及具体运行机制置于现代民族国家建构的层面加以考察，更加突出司法的政治功能与治理功能，而非仅限于个案纠纷解决。[32] 在后续的研究中，苏力围绕电影《马背上的法庭》所做的讨论更是强调从"法律人/政治家"的视角思考中国社会，尤其是基层社会的法治建设问题，他倡导要关注法律之外的政治考量和政治决断。[33]

二是政党与司法研究。这样的问题始终贯穿在苏力有关中国司法乃至整体法治建构的思考中，而讨论这个问题的直接缘由则是与《送法下乡》所引发的争论相关。在当时，我国有不少学者并不认同《送法下乡》中体现出的对追仿型司法改革的反思，然而也许是基于对研究进路的自信，苏力并未对这样的异议作出直接回应。2005年，《耶鲁法学》（*Yale Law Journal*）杂志在当年的春季号上刊发了美国学者弗兰克·阿帕汉（Frank Upham）评论《送法下乡》的文章。这篇评论性文章认为，书中没有就中国共产党与司法机关的关系展开讨论。该观点促使苏力对中国语境中政党与司法的关系进行直接回应。在苏力看来，阿帕汉的文章体现出的"方法论错误在当代西方的诸多中国观察家中非常典型，并且在中国也很有影响；而这些错误暴露了一种深厚的意识形态偏见，这种偏见是西方的法律自治和法治理念的'道德权威性'的核心"[34]。在《中国司法中的政党》这篇文章中，苏力对这样的"方法论错误"和"意识形态偏见"作出明确回应。苏力的回应进路是学术性的，广泛运用了政治学、社会学、历史学等多学科

---

[32] 参见苏力：《送法下乡——中国基层司法制度研究》，中国政法大学出版社2000年版。

[33] 参见苏力：《崇山峻岭中的中国法治——从电影〈马背上的法庭〉透视》，载《清华法学》2008年第3期，第7—13页。

[34] 苏力：《中国司法中的政党》，载《法律和社会科学》2006年第1卷，第258页。

理论资源，并且从中国近代以来社会转型以及现代国家建构的角度，展开具有深厚历史纵深感和宽阔中西比较视野的讨论，分析中国的政党在司法乃至法治建构中的地位与作用。

在时势的层面上，政法法学经验维度的兴起还与中国的发展阶段相关。在中国取得显著发展成就之际，总结中国经验甚至中国模式，进而形成中国话语，推动对中国发展道路的理论概括，构成学术界的一项重要议题。[35] 随着中国综合国力不断提升，特别是近十余年来中国在世界舞台上的影响力显著增强，对中国经验的总结成为形塑和提高中国话语权的重要基础。在法治领域，诚如顾培东教授所言："构建中国特色法治话语体系，应当成为当下我国法治意识形态建设的现实任务和重要主题。"[36] 回顾几十年来的法治建设历程，可以发现经由 20 世纪 80 年代的"启蒙"，"中国经验"在很长时间中处于"客体"地位，而居于"主体"地位的则是西方的法治理论以及法治模式，中国实践在很大程度上成为验证西方理论的材料。然而，面对改革与发展取得的巨大成就，以及法治领域出现的复杂的意识形态碰撞与斗争，总结中国法治经验正当其时且十分必要。在对法治经验的总结与阐述中，"政法体制"无疑是一个最为核心的概念[37]，政法体制的有效运行是我国法治建构顺利展开的体制性保障与支撑。在此之前，"政法体制"并未成为学术研究对象，甚至由于在西方语境中并不直接存在对应的概念术语以及经验参照，"政法体制"在特定时期的学术研究中一度还被视为影响法治运行的"不利因素"。当然，经济社会发展上的显著成就以及法治构建上的

---

[35] 参见潘维、玛雅主编：《人民共和国六十年与中国模式》，生活·读书·新知三联书店 2010 年版。

[36] 参见顾培东：《当代中国法治话语体系的构建》，载《法学研究》2012 年第 3 期，第 4 页。

[37] 参见景跃进、陈明明、肖滨主编：《当代中国政府与政治》，中国人民大学出版社 2016 年版，第 121—146 页。

持续推进，逐渐让中国的知识界有更多的信心和自觉总结中国法治经验。在对中国法治经验的总结中，带有鲜明中国特色的政党政治成为研究者的关注重点，经由政党政治形塑而成的政法体制进入学术研究的视野。

（二）政法法学经验维度的学术谱系

正是在学术浪潮与时势发展的双重影响下，政法法学的经验研究逐渐显现。与此前以"革命"或"启蒙"为主题的研究进路相比，经验研究进路将对政法问题的讨论置于实践场景中进行考察，试图揭示并阐释中国政法体制的运行机理，质性分析和定量分析成为这类研究重要的研究方法，这类研究更加注重从经验层面讨论政法体制整体或部分机制的运行状况以及二者之间的联系，进而探究其中的因果关系。围绕政法体制展开经验研究的学者，主要集中于法理学和诉讼法学领域。其中，诉讼法学者主要是从司法制度的角度涉及政法体制，较少直接以政法体制作为研究对象，而法理学的一些研究者则直接以政法体制作为研究对象，或者是将政法体制视为考察其他问题的关键影响因素。在经验研究的层面上，有关政法体制的讨论较早是由诉讼法学者在"政法传统"的范畴中展开。由于司法制度与政法体制存在紧密的关联，部分诉讼法学者在对司法制度的研究中意识到政法传统对于认识中国司法实践的重要性，因此较早地开始基于政法视野考察司法制度。例如，诉讼法学者左卫民教授、何永军教授比较早地明确以"政法传统"作为研究视角，切入对司法运行机制以及司法理念的讨论。[38]

在法理学者中，苏力以司法作为切入点讨论中国法治实践，这种路径深刻地影响着后续研究者的议题以及进路选择，致使部

---

[38] 参见左卫民、何永军：《政法传统与司法理性——以最高法院信访制度为中心的研究》，载《四川大学学报（哲学社会科学版）》2005 年第 1 期，第 111—119 页；何永军：《政法传统与司法理性》，中国政法大学出版社 2014 年版。

分研究司法制度的法理学者将政法体制纳入讨论的范畴。譬如，中国人民大学侯猛教授较早地论及新中国政法传统对司法实践的影响，将政法委员会、民主集中制、信访调控等作为讨论政法体制具体运行状况的切入点。[39] 复旦大学刘忠教授从党史、国史以及现实实践的角度，精细地描述并分析司法运行以及机制构建上复杂的政治考量，显著扩展了学界对政法体制的研究视域与理论追求，政法视野贯穿于其对中国司法运行各个方面问题的讨论之中。[40] 中国海洋大学李晟教授则将政法体制作为在"数字时代"重构社会信用体系的基础性支撑，认为在政法传统逻辑上结合现代信息技术，发展国家主导的社会信用体系，能更有效约束商业平台权力，保证数字社会治理的社会主义方向。[41] 湖北民族大学朱政教授则将基层政法委作为切入点，图景式地呈现其制度实践，分析指出基层政法委主要面向常规性的基层政权建设，其核心制度功能是筛选、区分和转化"政治问题"和"法律问题"。[42] 政法传统抑或政法体制涉及广泛，不仅对司法产生了深刻的影响，也是形塑社会治理的关键要素。对此，陈柏峰教授率先将政法体制纳入基层治理或者社会治理法的领域中展开讨论，以信访作为主要研究主题，阐述政法传统对基层治理的影响，呈

---

[39] 参见侯猛：《司法改革背景下的政法治理方式——基层政法委员会制度个案研究》，载《华东政法学院学报》2003年第5期，第99—106页；侯猛：《政法传统中的民主集中制》，载《法商研究》2011年第1期，第120—128页；侯猛：《进京接访的政法调控》，载《法学》2011年第6期，第25—33页。

[40] 相关研究很多，尤其可参见刘忠：《政治性与司法技术之间——法院院长选任的复合二元结构》，载《法律科学》2015年第5期，第17—29页；刘忠：《条条与块块关系下的法院院长产生》，载《环球法律评论》2012年第1期，第107—125页；刘忠：《司法地方保护主义话语批评》，载《法制与社会发展》2016年第6期，第22—39页；刘忠：《从公安中心到分工、配合、制约——历史与社会叙事内的刑事诉讼结构》，载《法学家》2017年第4期，第1—16、175页。

[41] 参见李晟：《信息技术与政法传统——重思社会信用体系建设》，载《中国社会科学评价》2022年第4期，第51—62、156页。

[42] 参见朱政：《论基层政法委的职责、定位与制度功能》，载《江海学刊》2022年第6期，第169—177页。

现并激发"群众路线"的话语表达与实践意蕴[43]，并且将"党政体制"作为延展"政法体制"对法治实践影响的重要元素，以此为基础讨论具有中国特色的执法模式[44]。

随着经验进路研究不断展开与深入，对政法体制及其实践形态的讨论在诸多具体法治领域渐次铺展，与此同时，针对政法体制形成与运行机理的整体性研究也开始成为法理学的关注焦点。例如，刘忠教授率先对"党管政法思想"作出组织史考察，将政法传统中的思想、组织、制度、实践融合于精彩的经验分析之中。[45] 西南政法大学周尚君教授讨论党与政法关系的演进逻辑，强调"党管政法"是通过探索性的组织机制、运作技术在党政关系、党法关系和其他关系的均衡互动中实现。[46] 侯猛教授的研究表明，我国的政法体制主要包括两个方面：在条块关系中，以块块管理为主的同级党委领导体制；在央地关系中，党内分级归口管理和中央集中统一领导体制。[47] 中央民族大学邵六益副教授则进一步从宏阔的文明史角度，考察在20世纪中国社会转型的背景下政法体制的生成逻辑。[48] 在此意义上，"政法体制"并

---

[43] 参见陈柏峰：《革命传统与法治国家的建设——政法工作中的群众路线》，载《文化纵横》2010年第12期，第55—61页；陈柏峰：《信访制度的功能及其法治化改革》，载《中外法学》2016年第5期，第1187—1205页；陈柏峰：《无理上访与基层法治》，载《中外法学》2011年第2期，第227—247页。

[44] 参见陈柏峰：《党政体制如何塑造基层执法》，载《法学研究》2017年第4期，第191—208页；陈柏峰：《基层执法能力建设的中国经验——以第三世界国家为参照》，载《法学评论》2023年第2期，第33—45页。

[45] 参见刘忠：《"从华北走向全国"——当代司法制度传承的重新书写》，载《北大法律评论》2010年第1期，第6—26页；刘忠：《"党管政法"思想的组织史生成（1949—1958）》，载《法学家》2013年第2期，第16—32、176页。

[46] 参见周尚君：《党管政法：党与政法关系的演进》，载《法学研究》2017年第1期，第196—208页。

[47] 参见侯猛：《当代中国政法体制的形成及意义》，载《法学研究》2016年第6期，第3—16页。

[48] 参见邵六益：《政法体制的政治历史解读》，载《东方学刊》2021年第2期，第42—56、122页。

不仅限于通常所言的公检法机关以及政法委，而是在广义上指向党领导法治构建的运行体制。

这些围绕政法体制展开的研究，特点在于注重阐释政法体制的建构与运行机理。经由以经验研究为主要面向的讨论推动，"政法法学"逐渐从宏观理念走向具体实感。对于证成中国道路，尤其是中国的"自主型法治进路"[49]而言，在机理层面总结与阐释政法体制实践经验十分必要。长期以来，"政法体制""政法传统""政法工作"都是耳熟能详的概念，然而这些语词的实际指向究竟是什么，基本上处于可以意会但难以言传的状态。从认识论的角度来看，"政法体制""政法传统""政法工作"难以"言传"的关键原因，正在于对它们的理解停留在"大词法学"层面，缺乏政法实践经验，尤其是对政法体制建构与运行机理的准确理解，未能从宏观理念转为具体实感。正是因为对作为中国法治关键要素的政法体制缺乏机理性的把握，对中国法治道路的证成往往停留在话语表达的层面，所以相关讨论带有明显的意识形态化甚至情绪化的色彩。在经验层面阐释政法体制的机理，可以为在可感知的维度上展开证成提供经验基础，实现从"事理"中总结"法理"[50]，进而提炼并阐发政法体制的"规范性原理"[51]。在对政法体制规范性原理的阐释中，依循"在有效性中累积合法性"[52]的进路尤为关键，经验机理层面上对政法体制有效性的呈现，是在规范层面上论证政法体制正当性的基础与必要条件。

---

[49] 参见顾培东：《中国法治的自主型进路》，载《法学研究》2010年第1期，第3—5、7—13、15、17页。

[50] 参见陈柏峰：《事理、法理与社科法学》，载《武汉大学学报（哲学社会科学版）》2017年第1期，第18—22页。

[51] 参见黄文艺：《中国政法体制的规范性原理》，载《法学研究》2020年第4期，第3—22页。

[52] 参见林尚立：《在有效性中累积合法性——中国政治发展的路径选择》，载《复旦学报（社会科学版）》2009年第2期，第46—54页。

以经验研究为基础提炼的"规范性原理",对于从法教义学或诠释法学的角度形成宪法以及部门法的规范分析或教义学体系也具有积极意义。这里所言的具有积极意义,并不是认为目前有关政法体制的经验研究以及"规范性原理"的提炼,已经为法教义学的规范分析提供了现实可能性。从法教义学的规范分析出发,问题并不仅在于"为什么"或"解释世界",而在于"怎么办"或"改造世界"。在此意义上,"政法体制"的经验研究重在"解释世界",对于推动从直觉认知转向自觉认知具有积极意义,但如何将对政法体制运行机理的阐释转化为对条文化、规范性的制度设计与运用,特别是展开法教义学的规范分析,无疑还需要相应的教义学转换。尽管如此,从经验进路阐释政法体制仍然十分必要,且构成了教义学提炼的重要基础。例如,近年来学术界围绕国家机构对宪法学教义学[53]、刑事诉讼法教义学[54]的构建展开讨论,这种意义上的法教义体系的形成,在很大程度上有赖于从外部论证的视角去准确把握我国政法体制的运行机理,确保体系化的规范阐释建立在正确的经验基础之上。

四、"政法法学"的价值功能:多元与融合

(一)政法法学的反思重构

多年前,在对法学研究格局的重新审视中,苏力重提法教义学、社科法学、政法法学的划分,改变了此前部分学界关于政法法学将会衰落的判断,认为政法法学正在"浴火重生",并且强调"从根本上讲,是因为人们在社会中的利益、社会地位、教育水平不同甚或仅仅是偏好不同而导致一定会有'道不同'的艰难

---

[53] 参见张翔:《中国国家机构教义学的展开》,载《中国法律评论》2018年第1期,第23—31页。

[54] 参见谢澍:《刑事诉讼法教义学——学术憧憬抑或理论迷雾》,载《中国法律评论》2016年第1期,第153—163页。

处境"[55]。这一观点无疑凸显了政法法学得以重获生命力的关键之处。在价值多元以及利益政治时代，如何对多元的价值立场、价值主张实现有效整合，这是法学需要回应的现实难题。对于这样的问题，政法法学做出了相应的思考，在这种思考的过程中，政法法学的意涵也得到重构，进一步恢复到"政法"这个词的本相，亦即"政治与法律"，以政治作为第一性展开对法律或法治问题的讨论。在历史向度上，政治与法律的关系也是政法法学所要回应的关键问题，然而受"革命""启蒙"这两个关键要素的影响，政—法关系的复杂面相被遮蔽，处于各种意识形态话语的笼罩之中。在经验基础上，结合社科法学经验研究进路的政法法学试图通过阐述和分析政法体制，来讨论政—法关系。但是在这种分析与讨论中，政法体制的政治属性被以一种本质化且固定的方式呈现，政法体制赖以生成的历史语境往往被置于特定的线性历史解释框架中作为既定前提，而这种体制构架在现实中面临的难题及处境则较少得到关注。

在我国知识界，较早在学术层面上重构"政法"并激发其反思活力的是冯象先生。在约二十年前出版的《政法笔记》一书中，冯象先生将"政法"这个"老派陌生"[56]的词语作为书名的一部分。在《政法笔记》出版之际，知识界对"政法"以及"政法法学"的理解，几乎都局限于以"革命""专政"作为关键词，以经典作家以及政治家的论断作为支撑。正因如此，在当时特定的语境中，冯象在《政法笔记》中的叙事方式以及讨论内容，与通常理解的"政法"存在显著差别，以至其中的微言大义难以得到恰当的理解。实际上，《政法笔记》重要的思想贡献正在于回到"政法"的本义，将历史进程中的社会主义思想资源重

---

[55] 苏力:《中国法学研究格局的流变》，载《法商研究》2014年第5期，第60页。
[56] 参见冯象:《政法笔记》，江苏人民出版社2004年版，第4页。

新激活,特别是将其中的批判性思考纳入法学的情境中展开。在后续的讨论中,冯象始终注重结合社会主义的历史宗旨与现实处境,强调在当下中国,许多法律问题必须先转化政治问题才可能进入司法,"执政党的群众路线的基础,是为人民服务,而非抽象的公民权利、虚构的'人人平等'"[57]。在理论界以及实务界的主流思考中,法治是一种积极的建构性因素,法治应当成为可资追求的社会理想图景。然而,在冯象的笔触下,法治的"另一面"得以浮现,法治不再仅仅是值得憧憬的画面,而也可能是"一匹特洛伊木马"[58],并且"西方法学、西方社科的那套术语,拿来讨论共产党的政法传统和新世纪的'低法治',总让人觉得隔靴搔痒似的,说不到点子上,还容易误读,闹笑话"[59]。

从思想资源来看,冯象的思考来源于三个方面:一是马克思主义学说;二是基督教圣经教义;三是深受前两种思想影响的西方批判法学。冯象这种具有融合性的思想资源,构成其批判性反思的重要支撑,与此同时也为读者的理解增加了难度。冯象的行文典雅且质朴,但其中的思想并不容易被把握,需要读者积累一定的社会阅历和人生体悟才可能理解,尤其是许多带有反讽的行文表达,更是有赖于其对现实经验复杂性的细致感受。这种难以理解的"隔阂感"还因为,对于当代人而言,冯象所依赖的思想资源的经验基础或原初语境似乎是"在遥远的地方"。然而,冯象之所以将这些思想资源融入自己的思考,并不是因为对过往的"眷念",而是源自对现实问题的深刻洞察以及对国际共产主义运动历史的深切共情。这些思想渊源在价值关怀上具有共通性,都指向于人人平等的价值目标。基于这样的价值目标,尽管现代法

---

[57] 冯象:《国歌赋予自由》,载《北大法律评论》2014年第1期,第244页。
[58] 参见冯象:《我是阿尔法——论法和人工智能》,中国政法大学出版社2018年版,第108页。
[59] 冯象:《中国法治与法学出路答客问》,载《文化纵横》2014年第6期,第100页。

治宣称平等是重要的价值追求,然而这种法治话语中的形式平等并不能替代或掩藏对实质平等或实质正义的追寻。相较于西方现代自由主义法治所偏重的形式平等,实质平等在社会主义的价值体系中居于更为重要的地位。也许是出于语言策略层面的考虑,也许是由于价值追求上的深层共通性,冯象在运用马克思主义思想资源展开对现实的审视与批判时,往往会借助基督教的教义元素,将其上升到"宗教批判"和"历史批判"的高度。这种借用在很大程度上也使其思想更为厚重,甚至是更为沉重,我们从中可以感受到人类在某种"宿命"中的艰苦挣扎与不懈斗争。

早在十余年前,冯象就向法学界提出这样的问题:法学如何上升为史学,法学如何重新出发,如何开展对社会以及对自身的批判?[60]在此意义上,冯象的思考从左翼的角度激活了"政法法学"的反思与批判活力。进一步放宽视野可以发现,这种批判性思考恰好发生于中国市场化改革快速推进的阶段,当时的社会矛盾与阵痛十分突出,隐含着阶层意味的潜在对抗和纷争时有发生。在思想层面上,中国的"新左翼"思潮在当时特定的社会环境中开始兴起,"新左翼"与"自由主义"在知识分子中引起激烈的争论。[61]在"新左翼"思想阵营里,汪晖先生敏锐地感知并抓住中国在变革进程中出现的"去政治化"以及"官僚化"问题。[62]与此形成呼应的是,在冯象围绕政法传统展开的检视和讨论中,贯穿始终的是对法的阶级性的强调与重新审视。这种反思主要从两个方面展开:一方面,在社会财富的分配上,先富阶层与其他阶层之间的关系是法治需要回应的问题,在中国实行的

---

[60] 参见冯象:《法学三十年——重新出发》,载《读书》2008年第9期,第20—28页。
[61] 对"新左翼"兴起历程的梳理与讨论,参见公羊主编:《思潮——中国"新左派"及其影响》,中国社会科学出版社2003年版。
[62] 参见汪晖:《去政治化的政治、霸权的多重构成与六十年代的消逝》,载《开放时代》2007年第2期,第5—41页。

法治是否会"要不了太久,不过是资本帝国新设一路行省"[63]?另一方面,"去政治化"的法治进程是否会进一步助推"官僚化"的退变?这两个问题在形式法治中并没有对应的讨论和回答,然而对于中国这样有着深厚政法传统的国度,无疑是十分关键且难以简单解答的问题。

延续这样的进路,多年以来法学界基于政法视野展开了诸多讨论,其中《中华人民共和国物权法(草案)》引起的合宪性争论[64]、《中华人民共和国民法典》编纂及其世界意义与时代定位[65]、刑法教义学的"去苏俄化"抑或刑事领域中的教义法学与政法法学的对话[66]等问题的展开尤为典型,尤其是19世纪的自由主义原则与20世纪的中国政治实践之间关系的处理,都是在部门法的层面上关涉多元时代的价值整合难题。不仅如此,法学界还围绕一些跨越部门法的综合性议题作出讨论。例如,北京大学凌斌教授划分出"消极法民关系"和"积极法民关系"两种理想类型,认为中国的法民关系属于"积极法民关系",深刻形塑着相应的微观司法环境和宏观法治状况。[67]北京大学阎天副教授试图超越"劳动与宪法"简单关联的分析模式,深入劳动法具体问题之中,将社会主义元素融入分析,从而在宪法的高度上

---

[63] 冯象:《政法笔记(增订版)》,北京大学出版社2012年版,弁言第3页。

[64] 参见刘贻清、张勤德主编:《"巩献田旋风"实录——关于〈物权法(草案)〉的大讨论》,中国财政经济出版社2007年版。

[65] 参见梁慧星、王利明、孙宪忠、徐国栋:《中国民法典编纂——历史重任与时代力举》,载《中国法律评论》2015年第4期,第1—21页;王志华:《论民法典的革命性——制定中国民法典的时代意义》,载《中国政法大学学报》2016年第5期,第83—97页。

[66] 参见陈兴良:《刑法知识的去苏俄化》,载《政法论坛》2006年第5期,第20—23页;刘艳红:《刑法学变革的逻辑——教义法学与政法法学的较量》,载《法商研究》2017年第6期,第11—14页;邵六益:《法学知识"去苏俄化"的表达与实质——以刑法学为分析重点》,载《开放时代》2019年第3期,第7、100—125页。

[67] 参见凌斌:《当代中国法治实践中的"法民关系"》,载《中国社会科学》2013年第1期,第151—166、208页;凌斌:《从法民关系思考中国法治》,载《法学研究》2012年第6期,第27—29页。

讨论劳动的政治与法律意蕴，并且在厘清其中政法逻辑的基础上，进一步探究具有建设意义的技术性的法律解释方案，以纾解现实中的劳动法实践困境。[68] 邵六益副教授讨论了"共同富裕"的政法逻辑，强调社会主义共同富裕原则具有代际约束力，认为邓小平关于共同富裕的论述构成了国家与公民的一份公法契约。[69] 不仅如此，这种带有社会主义价值追求底色的视角，还体现在有关边疆治理问题的讨论。例如，常安教授将社会主义政法传统作为考察统一多民族国家构建的重要基础，从社会主义的角度讨论民族区域自治制度的宪法逻辑以及各个民族之间关系、各民族内部的阶层关系的复杂形态，进而构造民族关系与边疆治理的法律规范的解释基础。[70] 同样不可忽视的是，部分学者围绕马克思主义的适应性及解释力，试图结合新的时代条件将马克思主义法学的批判性与建构性相结合，进而构造体系化的马克思主义法学理论体系。其中，中国社会科学院法学研究所助理研究员王耀海的相关学术探索尤具代表性。[71] 这些讨论都在不同角度上构成对上述两方面视角的延续与拓展，涉及时代的多元价值碰撞与整合难题，指向社会主义法治道路的政治属性与底色。围绕这些问题展开的讨论，无疑需要将经验把握与规范阐释相结合，然而对这些问题的回应并不能为现有的社科法学与法教义学研究所涵盖，而是要以"政法"作为思考主线。

（二）政法法学的领域拓展

除了上述缘由之外，政法法学在价值功能层面的兴起，还与

---

[68] 参见阎天：《如山如河：中国劳动宪法》，北京大学出版社 2022 年版。

[69] 参见邵六益：《社会主义共同富裕的政法逻辑》，载《法律科学》2022 年第 5 期，第 13—24 页。

[70] 参见常安：《社会主义与统一多民族国家的国家建设（1947—1965）》，载《开放时代》2020 年第 1 期，第 8、111—132 页；常安：《理解民族区域自治法——社会主义的视角》，载《中央社会主义学院学报》2019 年第 4 期，第 181—186 页；常安：《统一多民族国家的宪制变迁》，中国民主法制出版社 2015 年版。

[71] 参见王耀海：《马克思主义法学的逻辑脉向》，中国社会科学出版社 2016 年版。

世界格局的深刻变化密不可分。政法法学的批判性思考从社会主义国家法域延展至更为广泛的法域范围：

一是对香港治理问题的政法回应。近年来，我国香港特别行政区一度出现动荡[72]。在应对香港出现的这些治理问题时，围绕宪法以及基本法的规范阐释与相应的立法建构，成为中央政府回应危机和难题的重要依据与方式。在以法治方式应对香港治理问题的过程中，政治与法律的关系始终是关键。一方面，在解释基本法和其他相关条款中，审视并反思香港地区长期存在的"殖民主义"社会心理与人事架构尤为关键，这是在法律解释观上"拨乱反正"的现实基础。另一方面，无论是"回到历史原意"[73]，还是明确"主权者"决断[74]，阐释与运用有约束力的规范意涵，都有赖于以政法视野的展开。在此方面，中央民族大学强世功教授、田飞龙副教授等学者的研究尤具代表性，突出地显现出"超越法律"的政法视野。[75]

对此而言，至少可以从两个层面理解和把握这种回应的政法属性：其一，在法律制定和解释层面，厘定并重构中央与香港的宪法关系，是以有力举措应对现实问题的关键所在，其中人大释法、中央驻军、特首选举、司法人员备案都易于在香港引发广泛讨论，而对这些问题的阐发以及舆论引导，都需要以"决断论"的政法逻辑为法教义学阐释提供支撑。依循政法逻辑，"一切法

---

[72] 参见强世功：《"跨文明"与"新边疆"——从"香港问题"到"以香港为方法"》，载《开放时代》2023年第2期，第8、9、127—146页。

[73] 参见强世功：《中央治港方针的历史原意与规范意涵——重温邓小平关于"一国两制"方针的重要论述》，载《港澳研究》2020年第2期，第3—22、93页。

[74] 参见田飞龙：《"一国两制"、人大释法与香港新法治的生成》，载《政治与法律》2017年第5期，第23—36页。

[75] 相关研究较多，比较集中地体现在两部著作，分别参见强世功：《中国香港——政治与文化的视野》，生活·读书·新知三联书店2010年版；田飞龙：《香港"一国两制"演变的法治节奏》，时事出版社2020年版。

效力与法价值的最终法基础也可能存在于一个意志过程"[76]，亦即决断之中。其二，政法传统中"群众路线"的精神底色同样应当成为中央应对香港治理问题的重要元素。在中央政府以主权者决断的方式对香港治理问题采取有力举措之际，"群众路线"这一在大陆普遍实行的工作方式也在香港得到重视和运用。例如，时任香港中联办主任的骆惠宁走访香港基层群众，传递中央对香港基层民生的关切。[77]

二是对国际法治话语的政法重塑。在经济周期的影响下，全球化红利在全世界范围的分配失衡以及全球的治理失序现象进一步加剧，"逆全球化"甚至成为全球化进程的一种新的潮流。西方世界，尤其是美国，持续加大对中国的制裁，防止中国危及美国对世界秩序的主导地位。透过"逆全球化"的现象以及话语修辞，可以发现其中隐含着对有别于美国主导的"世界帝国体系"的新型全球化追求。[78] 在这个过程中，中国在国际法治话语层面上对道义性和策略性的双重需求以及运用更为迫切。如果说在"逆全球化"潮流来临之前，中国知识界乃至部分政策制定主体对西方国家的法治体系还普遍抱有理想化想象与较高期待，那么近年来，美国屡次使用"长臂管辖"，扩大其国内法的域外适用，以实现在政治和经济上围堵中国，则让中国的许多研究者意识到国际法律体系的实用工具主义本质。对国际法律体系的实用工具主义式的运用，始终需要在道义与策略两个层面展开，在此之中厘清"政"与"法"的关系尤为必要。对此，正如强世功教授所

---

[76] [德] 卡尔·施密特：《论法学思维的三种模式》，苏慧婕译，中国法制出版社2012年版，第64—65页。

[77] 参见《骆惠宁再访基层听民意 香港中联办启动"落区聆听 同心同行"活动》，载中央人民政府驻香港特别行政区联络办公室网站 http://www.locpg.gov.cn/jsdt/2021-09/30/c_1211389226.htm，检索日期：2023年3月19日。

[78] 参见强世功：《"天下一家"VS. 世界帝国——"深度全球化"与全球治理的未来》，载《东方学刊》2021年第4期，第36—52页。

言,政法视野意味着"将国家制度的建设深入文明秩序的建构,在一个全球化时代重新思考现代中国文明与人类文明的关系"[79]。基于这样的背景,如下两个方面的讨论构成从政法视野重塑国际法治话语的关键。

一方面,中国的国际法研究主体性缺失,在很长时期内限制了自身灵活解释和运用国际法规则的能力。在国际法的研究中,分析实证主义是主导进路,但这种进路将国际法规则固化在特定的甚至在一定程度上被隐藏的政治基础之上,成为一种职业化、专门化的解释学知识与方法,以至许多国际法研究更为关注法律层面的规范义务,而忽视政治层面的规范意涵及其功能,无法为我国复杂、多样且充满斗争的外交实践以及对外经贸往来提供国际法治话语支撑。对于这一问题,北京大学章永乐副教授深入西方思想谱系"帝国与国际法"的学术路径,展开语境化的解读,揭示现代主流国际法思想叙事得以形成的深层逻辑,尤其是其中国家利益的本位色彩,为中国探索新的主权理论,从而应对当前美国及其盟友单方面界定的"以规则为基础的国际秩序",提供主体意识层面的启示与支撑。[80] 厦门大学魏磊杰教授基于政法视野的学术自觉,反思"法律帝国主义"的"法治"霸权,倡导对传统国际法观念及其所支撑的主流国际法研究范式展开祛魅化反思,以重构并提升我国在国际法研究中的主体性。[81]

另一方面,世界秩序的文明观构成影响国际法治话语重塑的深层因素。可以认为,国际法研究主体性缺失,在很大程度上源

---

[79] 强世功:《如何思考政法》,载《开放时代》2023年第1期,第77页。
[80] 参见章永乐:《格劳秀斯、荷兰殖民帝国与国际法史书写的主体性问题》,载《法学家》2023年第1期,第74—89、193页;章永乐:《"帝国式主权"降临了吗?——特朗普主义的挑战与主权理论的未来》,载《开放时代》2022年第2期,第6、50—69页。
[81] 参见魏磊杰:《全球化时代的法律帝国主义与"法治"话语霸权》,载《环球法律评论》2013年第5期,第84—105页;魏磊杰:《我国国际法研究的主体性缺失问题——反思与祛魅》,载《学术月刊》2020年第8期,第142—156页。

自中国在世界结构体系中"附属性"地位的设定，然而在中国日渐崛起的背景下，中国需要调整或重塑认知世界的视角，重新审视并界定自身在世界结构体系中的地位。在此方面，强世功教授的诸多讨论尤具代表性，认为应当由"法律人的法理学"迈向"立法者的法理学"，从"国家主权和文明秩序的政治意义上来理解法律"。[82] 在近年来的研究中，强世功将"帝国"纳入法学的讨论视域，反思西方"现代普世文明"的崛起所推动的古典文明的终结与世界帝国的形成，以及与世界帝国的形成相伴的文明冲突。[83] 正是基于这样的理路，强世功为在国际法治的层面重构并运用法治道义以及法律规则开拓了宽阔的政法视野。

五、结语：迈向新政法法学

中国的正义体系始终是一个紧密结合"政"与"法"的体系，"政"与"法"并存、互补且相互作用[84]，"政法"构成极具中国特色的法治实践要素和法学概念，然而其中的学理意涵在很长时期内并未得到充分的阐释与呈现。从狭义上来看，"政法"主要是指以政法委员会、法院、检察院、公安、国安、司法行政等为主要构成的"政法系统"或"政法口"的实际工作，相应的政法法学也是指围绕这些主体或领域的实践活动所展开的理论阐释。然而，"政法"也有其广义层面的意涵，所指向的是思考法治问题的一种视野、进路或方法，是一种以政治统摄法律的思维。从学术发展史以及法治实践史的角度来看，政法法学形成多维的立体构造，历史向度中的"革命"与"启蒙"延绵至今，对经验基础的分析与阐释成为新兴潮流，而当代社会的价值多元问

---

[82] 参见强世功：《立法者的法理学》，生活·读书·新知三联书店2007年版，序言第6页。

[83] 参见强世功：《文明终结与世界帝国——美国建构的全球法秩序》，三联书店（香港）2021年版。

[84] 参见黄宗智：《中国正义体系中的"政"与"法"》，载《开放时代》2016年第6期，第9、141—159页。

题以及利益政治难题也亟须以政法视野加以回应。

  在深刻社会变革以及全球秩序重构的时代，以政法视野探究中国法治进路与具体实践正当其时，"新政法法学"的展开或构建十分必要。[85] 相对于传统政法法学，"新政法法学"之"新"集中体现在两个方面：一是进路的融合性。在以政法视野探究议题的过程中，社科法学偏重于经验研究的路径与法教义学偏重于规范阐释的方法，为政法思考的展开提供经验基础与规范支撑。在"事实"与"规范"的不断往复中提炼政法命题、构造政法方案、阐释政法理论，而不仅限于对意识形态话语的简单重述。二是论题的开放性。新政法法学的论题范围更为开阔，不仅指向"政法机关"层面的具体法治实践，也涵括国家制度的综合构建，同时还会涉及中国文明与人类文明的关系。在这样的意义上，"新政法法学"有相应的理论追求与实践关怀，可以将融合的进路与开放的论题相结合，为法教义学和社科法学提供思想启发，在与法教义学以及社科法学的合作之中，形成有关当代中国法治的理论阐释与构建，贡献出新的法律秩序的理想图景。

---

[85] 在理论界，强世功教授较早提出"新政法法学"，并倡导构造"新政法理论"。参见强世功：《如何思考政法》，载《开放时代》2023年第1期，第77页。

"政法"与"人民司法"的历史辩证法

陈洪杰*

引言

"政法"与"人民司法"是我国司法运行机制中富有实践张力的一种结构耦合:"按照马克思列宁主义的观点,'政法'强调的是体现国家意志的法律要为政治服务"[1];而"人民司法"的传统则是通过各种方式将社会民众整合到国家权力的建制化运行中来,并以"人民民主"的外在形式为国家体制权力的政治决断赢得社会认同。在这样一种"一体两面"的权力运行机制中,"政法"为"人民司法"提供了内在的组织张力,而"人民司法"则又为"政法"提供外在的合法化张力;二者在权力组织机制上互为表里,在面向社会的权威支配逻辑上互相倚峙;既贯彻了"党的领导"作为国家法律体制的政治性内涵,同时又有效地建

---

* 陈洪杰,上海政法学院上海司法研究所教授、法学博士。
〔1〕 侯猛:《当代中国政法体制的形成及意义》,载《法学研究》2016年第6期,第4页。

构起"司法为民"的社会性外延，是中国革命影响深远的重要历史遗产。

然而，在改革开放之后逐渐兴起的"法治"思潮中，就如何正确看待党的领导、人民民主与依法治国之间的辩证关系问题，却产生了一种颇为微妙的思想分歧。苏力教授曾经坦言，在"学术正确"的话语逻辑下，政党在法治的学术话语中曾经一度处于缺位状态。[2] 在中国的政治现实中，这样的学术"失语"显然是不正常的。有鉴于此，强世功教授从政治宪法学的角度将党的领导解读为中国法治实践过程中最为重要的"不成文宪法"。[3] 中央民族大学法学院邵六益副教授认为："找回政党是理解政法体制、构建中国特色社会主义法治话语体系的必然要求。"[4] 这同样也是本文切入问题的基本视角。一方面，正如习近平总书记强调指出的："不能把坚持党的领导同人民当家作主、依法治国对立起来，更不能用人民当家作主、依法治国来动摇和否定党的领导。那样做在思想上是错误的，在政治上是十分危险的"[5]；另一方面，我们也确有必要直面现实，正视当前所面临的各种错误思想困扰。这就必然要求我们在真正意义上做到解放思想、实事求是：既要充分认识"党带领人民进行革命、建设、改革取得的成果"[6]，同时也要客观认识过程中值得吸取的经验和启示，抓住问题的要害所在。在本文看来，只有真诚地面对历史，才能更好地理解未来，进而才有可能有效回应当下所面临的现实挑

---

[2] 参见苏力：《中国司法中的政党》，载《法律和社会科学》2006年第1卷，第273页。

[3] 参见强世功：《中国宪法中的不成文宪法——理解中国宪法的新视角》，载《开放时代》2009年第12期，第10—39页。

[4] 邵六益：《政法传统研究——理论、方法与论题》，东方出版社2022年版，第58页。

[5] 中共中央文献研究室编：《习近平关于全面依法治国论述摘编》，中央文献出版社2015年版，第19页。

[6] 同上，第21页。

战。有鉴于此，本文的研究旨趣即在于为中国特色社会主义法治道路的历史实践搭建一个有助于谋求"交叉共识"的分析框架和话语平台。

一、司法吸纳政治："政法"的缘起

在近现代中国的政治意识形态中，"民主"是关涉政治合法性的关键问题——"革命与反革命的分别：一个要民主一个不许民主"[7]。谢觉哉认为："大家的事，大家来议，大家来做。在大家公认的条件之下（少数服从多数，个人服从全体……），谁都能发表意见，好的意见一定能被采纳；谁都有出来做事管事的义务和权利。这是民主的实质。"[8] 根据民主原则，"开会就必须当真的开，尽量听取到会人的意见，有不同意见时，举行表决。少数服从多数，有些同志根据党的指令，勉强他人服从，或根本不理他人提议。要知道党的决定未被群众采纳时，不是某些地方不合群众的需要，就是群众尚未能根据本身经验了解党的主张的正确。这就要求我党重新审查或加紧工作。必须使党的决议变成了广大群众的决议，才能实行。否则不仅说不上民主，也不会做出什么成绩来"[9]。

然而，作为人民政权权力基础以及民主实践对象的"群众"既有政治上进步的一面，也有视野上局限的一面：比如，"不肯出粮，不肯当兵，是老百姓的落后意识"[10]；不仅如此，人民政权基于"改造社会"的政治理想，致力于通过施行反映现代价值观的法律规范来引导人民摆脱"愚昧""落后""压制人性"的陈规陋俗。但在很多时候，追逐自我利益的社会成员却不见得都乐于接受"先进理念"的教化或启蒙。人们对旧传统的顽固坚

---

[7] 谢觉哉：《谢觉哉文集》，人民出版社 1989 年版，第 474 页。
[8] 同上，第 340—341 页。
[9] 同上，第 349—350 页。
[10] 同上，第 492 页。

守，实际上隐藏着他们在极其有限的生存空间中维系自我生活世界之完整意义的社会本能。[11] 这个时候，如果"必须使党的决议变成了广大群众的决议，才能实行"[12]，或者"如果政策是正确的，应再进行解释说服，等待群众"[13]，就有可能导致很多具有紧迫性的政权工作陷入停滞。就此而言，在残酷的革命斗争年代，人民政权必须面对的很多现实问题实际上是远远"溢出"民主政治能力框架的。

比如在当时特定的政治、军事背景下，征粮扩兵这样关系政权存亡的大事，只能是基于"党的领导"而进行自上而下的集中决策。这个时候，为了避免"人民与政府之间，逐渐露出若干孔隙，给奸细、破坏分子以可乘之机"[14]，人民政权必须在利益的分配与再分配问题上为"溢出"民主政治之能力框架的利益博弈提供"再平衡"的政治解决方案。而司法作为政权组织的利益再分配机制，就必须在司法过程中"吸纳政治，并生成政治逻辑"[15]——政治就是围绕权力的获得和保持以及政治利益的实现与维护而展开的活动。[16] 林伯渠指出，司法"是整个人民政权中的一个组成部分，因之它的任务也就是保卫中国、保卫人民、保卫政权"[17]。

比如，在环县叛乱事件平叛之后，由马锡五去做善后工作。

---

[11] 参见陈洪杰：《人民司法的历史面相——陕甘宁边区司法传统及其意义符号生产之"祛魅"》，载《清华法学》2014年第1期，第110—125页。

[12] 谢觉哉：《谢觉哉文集》，人民出版社1989年版，第350页。

[13] 同上，第506页。

[14] 同上，第357页。

[15] 刘磊：《执法吸纳政治——对城管执法的一个解释框架》，载《政治学研究》2015年第6期，第117页。

[16] 参见高其才、左炬、黄宇宁：《政治司法——1949—1961年的华县人民法院》，法律出版社2009年版，第36页。

[17] 林伯渠：《关于改善司法工作》（1944年1月6日）。转引自侯欣一：《从司法为民到人民司法——陕甘宁边区大众化司法制度研究》，中国政法大学出版社2007年版，第224—225页。

马锡五发现俘虏当中，多数是被匪首裹胁的农民。马锡五因此采取了区别对待的方针：对匪首和罪恶严重的分子，坚决予以惩办；对于被裹胁的农民，则免除刑事处分，教育后释放，命其回家生产，并通知其所在地政府，教育群众，不要歧视这些人。对于生活困难者，要给予救济。这种处理方法，既惩罚了首恶，又挽救了被裹胁的农民。[18] 在这里，司法主要是通过"德行治理"来避免"政—民"之间利益对立的激化。

当然，"司法吸纳政治"并不仅仅是"德行治理"这么简单，政治合法性的再生产才是问题的关键所在。谢觉哉曾指出："有些同志认为只要事情做得对，老百姓满意，就是民主。不知这并不是人民做主，你是治者，人民是被治者。你做得好，是'明主'，但离人民的'民主'，差得天远。"[19] 就此而言，"司法吸纳政治"的要旨就在于其必须以"依靠群众"的"民主"实践来消解"溢出"民主政治之能力框架的合法性风险。毛泽东在同谢觉哉谈话时指出："司法也该大家动手，不要只靠专问案子的推事裁判员。""一条规律，任何事都要通过群众造成'群众运动'才能搞好。"[20] 这一政治设想也落实在制度上，比如，《晋察冀边区行政委员会关于执行改进司法制度的决定应注意事项的命令》（1994年5月29日）："打破旧的司法工作的一套，使我们的司法工作真正是为群众服务的。进行工作要深入群众去做切实的调查研究，实事求是，肃清主观主义的作风和'明公''清官'自命的态度……以创造与建立适合于新民主主义政治的人民大众法庭……陕甘宁边区马锡五同志说：'三个农民佬顶一个地方官'，因此我们的司法工作应经常进行调查研究，健全陪审……对广大群众提出之问题，在解决上要适当、及时……扫除

---

[18] 参见张希坡：《马锡五审判方式》，法律出版社1983年版，第23—24页。
[19] 谢觉哉：《谢觉哉文集》，人民出版社1989年版，第474页。
[20] 谢觉哉：《谢觉哉日记（上）》，人民出版社1984年版，第612页。

过去等待被动及不告不理之严重脱离群众倾向。"[21]

然而，人民政权对待"群众"的态度是复杂而微妙的：一方面，人民政权的权力基础立足于对"群众"的广泛组织与动员，"依靠群众"是建构权力合法性的重要政治前提；另一方面，由于群众的政治启蒙程度普遍不高，尚需长期的教育和改造。政治领导人"担心一旦民众被大规模发动起来并参与了司法活动，他们又不可避免地将一些落后的东西带到审判之中，从而使这些落后的不合理的东西合法化，最终影响中国共产党改造社会、推动社会进步的初衷。因而，司法只能半独立，其一切工作必须以执行党的路线、方针、政策为指导"[22]。在这里，"党管司法"同样也是基于"司法吸纳政治"而生成的关于"民主"之政治逻辑："民主就是要使从来就'僻处于政治生活及历史之外'的群众，进到政治生活及历史里面来"[23]，"给人民以民主的诱导、启发、便利"[24]。

总而言之，正是基于"司法吸纳政治"的内在功能诉求，"我们的司法工作者一定要懂政治，不懂得政治决不会懂得法律……从政治上了解现实问题，从政治上解决现实问题，即是从政治上来司法，又从政治上来立法"[25]。

二、从政治上来司法：民主与集中的辩证法

"从政治上来司法"同时也是政治逻辑向司法"场域"延伸的过程："我们的政策的制定，是依据人民的意见与要求，叫作从群众中来，又到群众中去。是集中了人民的意见，是民主的，

---

[21] 韩延龙、常兆儒编：《中国新民主主义革命时期根据地法制文献选编（第三卷）》，中国社会科学出版社1981年版，第388—389页。
[22] 侯欣一：《谢觉哉司法思想新论》，载《北方法学》2009年第1期，第94页。
[23] 谢觉哉：《谢觉哉文集》，人民出版社1989年版，第341页。
[24] 同上，第341页。
[25] 谢觉哉：《谢觉哉同志在司法训练班的讲话（摘要）》（1949年1月），载《人民司法》1978年第3期，第6—8页。

又是集中的。这样立法的群众路线，也必须贯彻到司法工作中去。"[26]　"新民主主义的司法就是贯彻民主集中制、领导一元化和群众路线的司法。"[27]

然而，正如谢觉哉已经意识到的："民主集中看来是矛盾的，要民主就无法集中，要集中就不能民主。"[28]　"民主"遵循的是"少数/多数"的沟通代码，而"集中"则以"有权/无权"为沟通代码。在"群众广泛参与"的司法活动中，"有权"的政治精英是少数，"无权"的人民群众是多数。当在司法决策过程中需要"个人利益服从整体利益，暂时利益服从长远利益"时，如果司法机械按照"少数服从多数"的沟通逻辑进行决策，那么缺乏政治觉悟的大众极有可能就会基于自我利益诉求而抵制"服从大局"的政治诉求；而如果在"多数"并不认可的情况下进行专断的"集中"，这无异于"民主"变相遭到瓦解，"党的正确领导"也就难免落入"明主"的窠臼。谢觉哉曾批评："有些同志……以领导党的方式去领导群众，'随便'向人提出过高的要求，致使个别羡慕我们民主而来的人感觉我们确有某些地方不民主。"[29]正是在这一意义上，谢觉哉指出："仅仅说少数服从多数，下级服从上级为民主集中制，那是机械的了解；说立法司法行政统一的一元化为民主集中制，更是有害的了解。"[30]

那么，"民主集中制"作为政权组织原则，究竟又是如何在实际运用中做到"一方是下级组织服从上级组织的制度……另方

---

[26]　谢觉哉：《谢觉哉同志在司法训练班的讲话（摘要）》（1949年1月），载《人民司法》1978年第3期，第6页。
[27]　参见陕西省档案馆全宗15—96。转引自刘全娥：《雷经天新民主主义司法思想论》，载《法学研究》2011年第3期，第199页。
[28]　谢觉哉：《谢觉哉文集》，人民出版社1989年版，第675页。
[29]　同上，第346页。
[30]　谢觉哉：《谢觉哉日记（下）》，人民出版社1984年版，第747页。

这个集中制又是民主主义的"[31]？谢觉哉说："这个问题像难了解，实则不是难了解……照毛主席的话叫作'民主基础上的集中，集中指导下的民主'。"[32]从新民主主义司法的历史实践来看，基于民主集中制的"民主"和"集中"的辩证关系，首先需要优先保证的是"党的领导"："在制度，最根本的一个问题是民主集中制的一致精神的贯彻；从政府贯彻到法院，由法院贯彻到分庭推事，一直到下面。你审判的对不对由上面统一来审核，审判错了你再重审，这样才能保证党的全部领导。"[33]

在保证了"党的领导"的前提下，接下来的问题自然而然就变成了"集中的体制怎样能和广泛人民意见融合"[34]。谢觉哉指出："所谓党的领导，是把党的主张经过党员在群众中的活动变成群众的主张……人家是否愿意跟着你来，是不能强迫的，而是靠着党的政策的正确和党员的模范，只要你的政策合乎群众的实际，群众就跟着来；你是这样讲，是否这样做，就要靠党员的实际行动的模范。党要领导群众，党的政策的正确与党员们模范二者不可缺一。"[35]

谢觉哉曾举例说："一个民主制健全的乡扩兵销公债的例子：江西苏区兴国长岗乡——模范乡的代表会议。'……军事动员，又分为一、扩大红军：长冈村代表答应扩大 5 人，塘背村答应 4 人，新溪村代表答应 3 人，泗纲村代表答应 3 人，共答应扩大 15 人，限 11 月 30 日做到……又长冈乡推销公债是这样的：有公债发行委员会 5 人，其中 4 个就是村公债委员会的主任。各村代表

---

[31]　谢觉哉：《谢觉哉日记（下）》，人民出版社 1984 年版，第 745 页。
[32]　谢觉哉：《谢觉哉文集》，人民出版社 1989 年版，第 675 页。
[33]　参见陕西省档案馆全宗 15—96。转引自刘全娥：《雷经天新民主主义司法思想论》，载《法学研究》2011 年第 3 期，第 199 页。
[34]　谢觉哉：《谢觉哉日记（下）》，人民出版社 1984 年版，第 747 页。
[35]　谢觉哉：《谢觉哉文集》，人民出版社 1989 年版，第 505 页。

承认本村销行数目后，回去开本村群众大会，宣传买公债的意义，当场各代表、各团体负责人首先认购，群众跟着认购，当即登记起来。没有销完。各代表及宣传队，对那些未买的及买得太少的按户宣传……于是再开全村大会，加销一部分，还没销完。再做宣传，开第三次全村大会，销得差不多。再做宣传，开第四次全村大会，全部销完'……长冈乡扩军与销公债的数字不是支部决定，强要群众接受，而是群众的代表自己承认。党的作用是通过群众，成为群众的主张而出现的。"[36]

在这里，将"党的主张"转换成社会大众自愿认可或主动接受的"民主意见"的关键即在于运用"民主"的方式（组织群众代表、召开群众大会）来展开政治动员："政治动员则依靠宣传鼓动，依靠人民的积极性，不折不扣地完成或超过法令上所规定的事……拿扩兵征粮说罢，丁多的家必有人应征，独子可不应征，这是法令；须应征的和不须应征的，都踊跃要当兵，如潮样般涌入兵营，这就靠政治动员。看收入粮食多少，规定缴公粮的累进率，这是法令；而超过应缴的比例，这就靠政治动员。"[37]

我们可以看到，无论是"民主基础上的集中"，还是"集中指导下的民主"，最终都需要诉诸官僚科层的具体组织机制而加以实施。就此而言，民主集中制最可称道的历史成就之一也许就在于成功诉诸"人民民主"叙事张力的同时，在微观权力层面将"党的领导"更进一步夯实、细化、下沉为在组织逻辑上耦合了民主符号象征与集中组织内核的官僚事权。比如，《晋冀鲁豫边区政府、晋冀鲁豫边区高等法院关于司法工作在扶植群众运动中及适应战争环境的几点指示》中提到："在工作上，凡是经过群众斗争的案件（如减租减息，反贪污等）到政府解决时，司法干

---

[36] 谢觉哉：《谢觉哉文集》，人民出版社1989年版，第416—417页。
[37] 同上，第347页。

部应很好倾听群众团体及各方面的意见，了解真实情况，依法作正确之判决。必要时组织群众团体陪审制度，典型案件甚至可进行公审，反对单纯引用法条、不了解真实情况、不能依法作合理判决脱离群众的举动。在案件未宣判前，凡经群众斗争的案件，司法干部必须与专员或县长商酌解决办法，专员或县长在会议时有最后决定权。"[38] 我们可以看到，正是这样一种民主集中制的历史辩证法使得"民主"与"集中"在观念形态上相互倚峙，在组织逻辑上高度同构，互为表里地形塑了我们今天称之为"体制"的司法权力运行机制。这样一来，在瞬息万变的革命环境中，当党的政法机构不得不诉诸"个别化的权力策略"来实现社会支配时[39]，他们就可以凭借同时耦合了民主象征与集中内核的组织张力来调用各种所需的权威机制与合法性资源。

三、个别化的权力策略与"政法"的支配张力

"从政治上来司法"在本质上就是主张使用"个别化的权力策略"来审时度势地解决具体问题。比如，早在苏维埃时期的司法政策文件就已明确指出："不认识苏维埃法庭是阶级斗争的工具，是压迫敌对阶级的武器，而表现出单纯的法律观，机械地去应用法律，不知道法律是随着革命的需要而发展，有利于革命的就是法律，凡是有利于革命的可以随时变通法律的手续，不应用法律的手续而妨碍革命的利益。"[40]

这就意味着，"政法"很难在常规意义上诉诸那种基于对既定规则的普遍化实施而加以建构的普适性制度权威来谋求社会支

---

[38] 韩延龙、常兆儒：《中国新民主主义革命时期根据地法制文献选编（第三卷）》，中国社会科学出版社1981年版，第411页。
[39] 参见郑智航：《人民司法群众路线生成史研究（1937—1949）——以思想权力运作为核心的考察》，载《法学评论》2017年第1期，第150—158页。
[40] 彭光华主编：《人民司法的摇篮——中央苏区人民司法资料选编》（内部资料），赣州市中级人民法院2006年编印，第175—176页。转引自刘全娥：《陕甘宁边区司法改革与"政法传统"的形成》，人民出版社2016年版，第34—35页。

配,"个别化的权力策略"必须依托于有能力超越制度主义逻辑的权威结构。就此而言,"人民民主"的象征实践看起来正是这样一种内含着"个别化"张力的权力支配逻辑。比如,对于在陕甘宁边区高等法院设立之初以"刑字第二号"判处的黄克功杀人案中,有学者即认为:"边区高等法院……创设了人民群众民主参与刑事案件的陪审制度和公审制度……虽然黄克功杀人案的判决书并未援引具体的法律条文,判决书没有说明赖以做出裁判的法律依据,裁判过程中的民主形式,体现了裁判结果的公正性。"[41]

然而,尽管"人民民主"的实践操作可以为"个别化的权力策略"提供必要的正当化支持。但正如董必武曾经指出的:"像群众长远的利益或最高的利益,群众自身往往是看不见的。"[42]这个时候,如何保证人民群众民主参与的司法仍然能够以一种具有普遍化张力的方式"为政治服务"就成为"政法"所要面对的严峻挑战,"特别是当共产党依靠连接孤立而偏远的村庄扩大军事政治网,需要下面贯彻上面的政策指示时"[43]。

谢觉哉曾经指出:"个人利益要服从整体利益,暂时利益要服从长远利益;要走群众路线,但不能做群众尾巴,等等,都是我们解决案件的准绳。"[44]但这并不是件容易的事,作为共产党事业的两大重要基石,不仅群众的思想觉悟和认识水平参差不齐,基层干部们的背景差异同样也很大,"几乎所有的县长及区、乡一级政府的干部都是在本地的革命中成长起来的,他们大多是

---

[41] 汪世荣、刘全娥:《黄克功杀人案与陕甘宁边区的司法公正》,载《政法论坛》2007年第3期,第126—132页。

[42] 董必武:《董必武选集》,人民出版社1985年版,第174页。

[43] [美]马克·赛尔登:《革命中的中国——延安道路》,魏晓明、冯崇义译,社会科学文献出版社2002年版,第115页。

[44] 《谢觉哉同志在司法训练班的讲话(摘要)》(1949年1月),载《人民司法》1978年第3期,第8页。

文盲或半文盲的农村青年……他们在'反日民族主义'和'建立自由强大的中国'这两点上可以找到共同语言,但各自的思想信仰则千差万别……自从1937年实行统一战线政策,很多并不支持农村革命的人们涌入中共的队伍以来,这些问题便一直困扰着边区……游击战争所要求的是最大限度的独立自主、因地制宜和最小限度的中央控制"[45]。因此,如何协调基层"自主行动"和有效的中央控制之间的冲突就成为革命政权所要面对的重大挑战。

这也意味着,为了保证作为"群众自己的工具——由群众中来又向群众中去"[46]的"大众化"司法能够一以贯之地"为政治服务",秉持"个别化权力策略"的"政法"必然需要在"制度主义路径"之外谋求某种功能等价物,以"实现全党意志的统一和分散决策的正确"[47]。在本文看来,这主要得益于"布尔什维克的组织方式"[48]能够将"个别化的权力策略"有效融入具有普遍化张力和强大社会心理基础的组织权威与话语机制,以"切实贯彻专门机关与广大群众相结合,把党和国家的政策法令变成群众的语言"[49]。

比如,在延安时期,功勋卓著的红军高级干部黄克功因恋爱未成、逼婚未遂,泄愤枪杀抗大校友刘茜(本案发生于1937年10月5日)。根据事件亲历者回忆:"为了处理好这一案件,抗大校部通知各队对此事进行讨论……讨论中却出现了两种意见,一种主张杀;另一种主张不杀……本来杀人偿命天经地义,但考虑到黄克功

---

[45] [美]马克·赛尔登:《革命中的中国——延安道路》,魏晓明、冯崇义译,社会科学文献出版社2002年版,第183—184页。
[46] 谢觉哉:《谢觉哉日记(上)》,人民出版社1984年版,第557页。
[47] 荣敬本、罗燕明、叶道猛:《论延安的民主模式——话语模式和体制的比较研究》,西北大学出版社2004年版,第129—130页。
[48] 刘忠:《"党管政法"思想的组织史生成(1949—1958)》,载《法学家》2013年第2期,第31页。
[49] 马锡五:《马锡五副院长在全国公安、检察、司法先进工作者大会上的书面讲话》,载《人民司法》1959年第10期,第39页。

年轻有为，又有军功，中华民族又处在日本侵略者的铁蹄之下……许多人主张让黄去冲锋陷阵，戴罪立功。"[50]

事实上，"1934年4月的《中华苏维埃共和国惩治反革命条例》第三十五条规定：'凡是对苏维埃有功绩的人，其犯罪行为得照本条例各项条文的规定减轻处罚。'"在季振同、黄仲岳反革命案件中，"苏维埃临时最高法庭认定季、黄等人犯有反革命罪，并判处他俩死刑……但中央执行委员会却以'季、黄等均是参加宁都暴动者，对革命不无相当功绩'为理由，改判监禁"[51]。照此来看，"对苏维埃有贡献者即便犯反革命罪都可以从轻论处，而黄克功因泄私愤杀人，也应减轻处罚"[52]。

尽管如此，由于黄克功案发生时的政治形势较之此前苏维埃时期已经发生巨大变化：该案发生于抗战爆发、中国共产党执政边区的非常时期，"国民党《中央日报》大肆渲染、攻击和污蔑边区政府'封建割据''蹂躏人权''无法无天'。边区群众反响强烈……而案发当时，一个国外记者团正在访问延安"[53]。这个时候，如果继续沿用"对革命有贡献的老党员、老干部和老红军，给予法律优待"[54]的做法，这显然是不利于建立和发展抗日民族统一战线这一宏观大局的。

当黄克功案层层上报中央之后，毛泽东为此亲自致信负责公审此案的陕甘宁边区高等法院刑事法庭庭长雷经天："黄克功过

---

[50] 曹慕尧：《我所亲历的"黄克功事件"》，载《党史博采》2003年第9期，第28页。
[51] 杨永华：《延安时代的法制理论与实践》，载《西北政法学院学报》1986年第3期，第84页。
[52] 杨永华：《根据地时期法律平等原则的历史回顾》，载《法律科学》1993年第6期，第66页。
[53] 张炜达：《全面从严治党需要从延安精神中汲取经验——黄克功案对全面从严治党的启示》，载《中国延安干部学院学报》2017年第4期，第82页。
[54] 杨永华：《根据地时期法律平等原则的历史回顾》，载《法律科学》1993年第6期，第65页。

去斗争历史是光荣的，今天处以极刑，我及党中央的同志都是为之惋惜的。但他犯了不容赦免的大罪，以一个共产党员红军干部而有如此卑鄙的，残忍的，失掉党的立场的，失掉革命立场的，失掉人的立场的行为，如为赦免，便无以教育党，无以教育红军，无以教育革命者，并无以教育做一个普通的人，因此中央与军委便不得不根据他的罪恶行为，根据党和红军的纪律，处他以极刑……共产党与红军，对于自己的党员与红军成员不能不执行比较一般平民更加严格的纪律。"[55]

在后来对黄克功的公审大会上，根据亲历者回忆："当审判长问到他的生平履历，参与过哪些战斗，黄克功陈述了战斗的时间、地点和成果，并请法警帮助他解开纽扣撩开上衣，露出满身伤疤。……不少人流下同情的眼泪。公审大会有一项日程，就是各单位的代表讲话，（大家）争论十分热烈，意见分歧，很难统一。"[56] 只有当大会最后宣读了毛泽东的亲笔信后，争议才得到平息。在事件亲历者看来，"如果没有毛主席的亲笔信，说不定群众的舆论压力，会造成判处黄死刑的困难，在公审大会上勉强做出判决，会使人心生不服，甚至产生不满情绪"[57]。

如果上述叙事逻辑是成立的话，那么显而易见，自由主义式的民主决策逻辑实际上极有可能会带来"路线之争"的隐患。[58] 正如陕甘宁边区高等法院意识到的："抗日民主法律应以团结各抗日阶级、阶层和广大群众、干部为宗旨，必须纠正苏区受王明左倾路线影响出现的干部与干部之间的法律不平等错误

---

[55] 毛泽东：《毛泽东同志给雷经天的信》（1937年10月10日），载《法学杂志》1981年第4期，第1页。
[56] 曹慕尧：《我所亲历的"黄克功事件"》，载《党史博采》2003年第9期，第29页。
[57] 同上，第28页。
[58] 参见陈洪杰：《司法如何民主——人民司法的历史阐释与反思》，载《比较法研究》2016年第5期，第126—139页。

做法。"[59]

经过审理，陕甘宁边区高等法院对本案的定性判决是："汉奸才是自己国家民族的死敌，我们用血肉换来的枪弹，应用来杀敌人，用来争取自己国家民族的自由独立解放，但该凶犯黄克功竟致丧心病狂，枪杀自己的革命青年同志，破坏革命纪律，破坏革命团结，无异帮助了敌人，无论他的主观是否汉奸，但客观事实，确是汉奸的行为……这些表现实为革命队伍中之败类。"[60] 最后，"雷经天审判长代表边区高等法院，在群众意见完全一致的基础上，一字千钧地宣布判处黄克功死刑并立即执行"[61]。

四、"政法／人民司法"的结构耦合：话语模式的普遍化张力

对于黄克功案的处理，有研究者认为："在此案的判决理由中，我们只能看到很少法律方面的依据，通篇贯串的主要是政治和道德的说教，杀人原本是一个极为简单的法律问题，但该判决无意从法律上去寻找理由，而是直接用政治语言代替法律语言。"[62] 不过，在笔者看来，简单套用现代法治的逻辑观念去评判黄克功案可能无法有效挖掘出本案所内含的丰富历史意味。就此而言，黄克功案最具启示意义的一点或许恰恰就在于其"政治和道德的说教"，以"人民民主"的外在形式而加以实践的"政法"体制获得普遍化效果的关键并不在于既定规范的形式逻辑张力，而在于如何从生活世界的背景共识中提炼出可被共同体成员普遍承认的话语张力——"它可以使人们不假思索地追

---

[59] 杨永华、肖周录：《黄克功事件始末》，载《人文杂志》1997年第4期，第106页。
[60] 张世斌主编：《陕甘宁边区高等法院史迹》，陕西人民出版社2004年版，第94页。转引自侯欣一：《从司法为民到人民司法——陕甘宁边区大众化司法制度研究》，中国政法大学出版社2007年版，第101—102页。
[61] 曹慕尧：《我所亲历的"黄克功事件"》，载《党史博采》2003年第9期，第29页。
[62] 侯欣一：《从司法为民到人民司法——陕甘宁边区大众化司法制度研究》，中国政法大学出版社2007年版，第102页。

随官方意图……通过它，人们认识了他们所处的环境，并被一种"世界观"导引，从而使决策过程简单明了。"[63] 这也意味着，"政法/人民司法"完全有可能基于某种特定的话语模式而建构其普遍化张力：

第一，一旦话语模式得到确立，所有的政治参与者就都只能"借助特定的语言表述自己的政治主张，离开了这些语言规范就有可能被视为异端而被排斥在对话权之外"[64]。这样一来，一方面，国家权威可以"通过口号和标语所承载的较为抽象的价值灌输来控制乡村司法"[65]；另一方面，基层权威在与党中央保持路线一致性的前提下，也具有对话语进行管理和解释的弹性操作空间[66]。正是因为"话语"可以起到"统一思想"和建构一致行动的意识形态功能[67]，这就使得"政法/人民司法"可以摆脱对制度主义逻辑的依赖而依靠"话语"对"具体问题具体分析"的"行动框释"能力而实施"个别化"的支配。用谢觉哉的话来说："有了法律以后又怎样呢？我们的司法工作者，可以不可以同旧社会的司法人员一样，只坐在那里翻本本呢？不行。新的人民的法律，不是一个圈圈，把司法工作者套住，束手束脚，动弹不得，而是一个标准，要司法工作者遵循这一标准去做。因此，司

---

[63] 戴长征：《意识形态话语结构——当代中国基层政治运作的符号空间》，载《中国人民大学学报》2010年第4期，第100页。

[64] 荣敬本、罗燕明、叶道猛：《论延安的民主模式——话语模式和体制的比较研究》，西北大学出版社2004年版，第282页。

[65] 参见郑智航：《乡村司法与国家治理——以乡村微观权力的整合为线索》，载《法学研究》2016年第1期，第82页。

[66] 参见戴长征：《意识形态话语结构——当代中国基层政治运作的符号空间》，载《中国人民大学学报》2010年第4期，第101页。

[67] 比如，当时的高级司法干部朱婴就注意到，"各县办理案件好像一个公式，都是在判决书理由栏或罪状的结尾，照样地写下这样几句话，如：'为争取抗战胜利及巩固后方根据地起见'云云，汉奸罪如此，强盗罪如此，甚至妨害等罪也是如此。"参见朱婴：《对各县司法工作的意见》。转引自刘全娥：《陕甘宁边区司法改革与"政法传统"的形成》，人民出版社2016年版，第135页。

法工作者，若不懂政治，有法也不会司。这又是说，要从政治上来'立'，又要从政治上来'司'……没有法，用政治来司；有了法，也要用政治来司。"[68]

第二，尽管在这种依靠意识形态话语来"解释"基层社会价值关系的司法过程中，"利益的随机直接分配取代了利益的普遍性分配，随机的政治权力策略取代了法律知识的推理和判断"[69]。比如，曾任陕甘宁边区高等法院院长的雷经天指出："判决案件应便于大多数的群众，便于穷苦的人民……为此，就要注意诉讼当事人的经济状况……判决一个争买窑洞的案子，虽然出高价的有优先权，但他有窑洞住，另一个没有窑洞，这就不能只按表面现象作出判决，而应按其经济的需要，断给这个穷人。"[70] 但司法官僚可以通过特定的话语模式向司法对象表明在"个别化"的利益衡量背后实际上是关涉大是大非的"路线"问题，那些无力通过话语建构来进行自我表达的"经验主义者"，如果不想冒险挑战话语禁忌，那就只能在自己的利益得到一定程度兼顾的前提下表示服从。意识形态的显著特点即在于它可以"用'真理'掩盖'利益'的方式发挥作用"[71]。这就恰如"马锡五审判方式"所取得的实践效果："审判与调解结合，即马锡五同志的审判方式……都是负审判责任的人亲到争讼地点，召集群众大家评理，定出双方都愿接受也不能不接受的法子。是审判，也是调解。这方式的好处，政府和人民共同断案，真正实习

---

[68] 谢觉哉：《谢觉哉同志在司法训练班的讲话（摘要）》（1949年1月），载《人民司法》1978年第3期，第8页。

[69] 强世功：《法制与治理——国家转型中的法律》，中国政法大学出版社2003年版，第125—126页。

[70] 雷经天：《关于司法工作的检讨》（1943年12月10日）。转引自杨永华、方克勤：《陕甘宁边区法制史稿（诉讼狱政篇）》，法律出版社1987年版，第72页。

[71] 韩振江：《论齐泽克的"意识形态三阶段"》，载《北方论丛》2009年第4期，第123页。

了民主。"[72]

也许正是在这个意义上，中国共产党被"比做话语的共同体"[73]。而伟大领袖毛泽东则对这个话语体系的形成起到了至关重要的作用[74]。

五、"人民司法"的组织生成与官僚体制之弊

董必武曾于1950年8月12日在《对参加全国司法工作会议的党员干部的讲话》中指出："什么叫人民司法，这一问题虽然议论得很多，但司法工作者中相当多的一部分人员仍未弄清楚。人民司法的基本精神，是要把马、恩、列、斯的观点和毛泽东思想贯彻到司法工作中去。"[75] 为贯彻"人民司法的基本精神"而提供组织基础的是自延安整风以来所确立的一种关于话语模式的"学习"体制："先在中央确定一个核心，区分好谁代表正确路线，谁代表错误路线，然后围绕统一的口径自上而下地进行学习的新模式。"[76]

比如，1942年7月4日毛泽东在给聂荣臻的信中说："此次整风是全党的，包括各部门各级干部在内，所谓各部门，就是不但有地方，还有军队，所谓各级，就是不但有下级，而且主要与首先的对象是高中两级干部，特别是高级干部，只要把他们教育好了，下级干部的进步就很快了。在一个根据地内，主要应着重教育边区与地委两级，其次是县一级，只要他们有了正确方向，

---

[72] 谢觉哉：《谢觉哉文集》，人民出版社1989年版，第594页。
[73] 荣敬本、罗燕明、叶道猛：《论延安的民主模式——话语模式和体制的比较研究》，西北大学出版社2004年版，第5页。
[74] 参见罗燕明：《90年代海外延安研究述评》，当代中国研究所，2009年3月，http://www.iccs.cn/detail_cg.aspx?sid=517，检索日期：2009年11月2日。转引自刘全娥：《陕甘宁边区司法改革与"政法传统"的形成》，人民出版社2016年版，第15页。
[75] 董必武：《董必武法学文集》，法律出版社2001年版，第45页。
[76] 荣敬本、罗燕明、叶道猛：《论延安的民主模式——话语模式和体制的比较研究》，西北大学出版社2004年版，第131页。

区村干部的毛病就易纠正。"[77] 显然，在这个"自上而下进行学习"的话语实践过程中，如果允许下级随意以"民主"之名质疑、挑战上级的话语权，则不仅上级的权威无法维持，中央的行动意志也无法得到有效贯彻。因此，话语模式的贯彻就必然需要"集中"的权威，以引导人们向意识形态所倡导的政治符号体系"靠拢"，使人们的思想统一在国家权威话语下[78]。这在实践中一方面表现在话语权的"集中"。比如，根据《中共中央宣传部关于在全党进行整顿三风学习运动的指示》（1941年6月8日）："要求党的高级机关必须成立学习总委员会，各部门各单位成立学习分会；又要求各分区学委下依部门成立若干中心学习组；延安各机关学校的高级干部均成立中心学习组（甲组），采取自学形式，并领导其他干部的学习……"[79] 另一方面则表现为事权的"集中"。比如，谢觉哉指出："对于新民主主义司法应该是什么样，过去并没有弄清楚……现在就是毛主席讲的，民主集中制，领导一元化……司法体制方面，实行政府领导司法，行政长官兼理司法。"[80]

这样一来，既掌握话语权又负责具体事权的"上级"就成为在"党的领导"与"人民民主"之间实现结构缓冲与功能耦合的中枢机制。比如，《苏中区处理诉讼案件暂行办法》（1944年10月公布施行）第四十五条第二款："案件进行至可判决时，审判

---

[77] 荣敬本、罗燕明、叶道猛：《论延安的民主模式——话语模式和体制的比较研究》，西北大学出版社2004年版，第158页。

[78] 参见戴长征：《意识形态话语结构——当代中国基层政治运作的符号空间》，载《中国人民大学学报》2010年第4期，第104页。

[79] 中央档案馆编：《中共中央文件选集（第12册）》，中共中央党校出版社1986年版，第84、87页。转引自荣敬本、罗燕明、叶道猛：《论延安的民主模式——话语模式和体制的比较研究》，西北大学出版社2004年版，第160页。

[80] 《边区高等法院雷经天、李木庵院长等关于司法工作的检讨会议发言记录》（1943年12月10日）全宗15—96，转引自刘全娥：《陕甘宁边区司法改革与"政法传统"的形成》，人民出版社2016年版，第100—101页。

人员应召集审判会议，征取陪审员意见，以为判决基础。有不同意见时，应记明笔录，得先径行判决；如多数陪审员反对审判员之主张时，应暂行停止判决，呈请上级决定之。"第五十七条："重大案件与大多数人民有切身关系者，得举行人民公审，由人民执行诉权及陪审权。在审讯中，审判员应征询在场人民对案情之意见；人民公审之审判权仍由审判员负主要责任，但应采纳人民之意见；人民公审应当场宣判，如遇审判人员之意见与人民多数之意见不一致时，应记明笔录，呈请上级决定之。"[81]

显而易见，发扬民主的真正目的并不是为了使持不同意见者相互之间陷入无休止的争执，而是为了保证组织决策的最终正确性。正如有研究者指出的："共产党不是争论的俱乐部，因此，需要权威，需要权力……"[82] 反映在相关制度设计上，就比如《晋西北陪审暂行办法》（1942年4月15日公布）第十八条规定："陪审员对陪审案件，经裁判人员决定后，不能再提出异议，并应保守秘密。"[83]

由上观之，"人民司法"的组织生成史，实际上同时也是党的宏观领导权以话语模式的组织实施作为权力媒介，在各个工作条块下沉、分解、细化为官僚事权的微观权力史——"政法机关的党的组织，同时实现着党的组织领导"[84]。而这段历史背后所折射出来的则是"话语"与"权力"复杂耦合的"体制"面相：一方面，基于革命理想主义的价值关怀，"政法工作的正确路线是：服从党委领导，依靠人民群众……使我国的政法工作更加革

---

[81] 韩延龙、常兆儒：《中国新民主主义革命时期根据地法制文献选编（第三卷）》，中国社会科学出版社1981年版，第499、501页。

[82] 荣敬本、罗燕明、叶道猛：《论延安的民主模式——话语模式和体制的比较研究》，西北大学出版社2004年版，第287页。

[83] 韩延龙、常兆儒：《中国新民主主义革命时期根据地法制文献选编（第三卷）》，中国社会科学出版社1981年版，第445页。

[84] 中国人民大学法律系"政法工作"研究小组：《政法工作必须绝对服从党的领导》，载《法学研究》1959年第2期，第12页。

命化和更加群众化，成为人民民主专政的有力武器"[85]；另一方面，从话语模式"实证化"的"学习"体制来看，它既包含了旨在避免"路线之争"的话语禁忌，也预设了下级不得挑战上级的组织禁律，这在容易造成官僚集权与官僚主义的同时，也在一定程度上导致"人民司法"的民主张力被削弱。

究其原因，话语模式的贯彻过程同时也是一种要求话语对象在根本性的价值判断上做出立场选择的筛选机制，这一机制以"信"与"不信"作为事先预设的沟通代码，相关的话语对象必须在"信/不信"的二值代码之间做出关乎信仰的政治选择。以黄克功事件为例，"如果党员普遍对中央决策表示怀疑，中央权威是无法维持的，从而也无法贯彻自己的行动意志"[86]。就此而言，公审大会现场的参与者对"毛主席来信"强烈拥护的态度实际上也就表明了他们的政治信仰。正是以话语模式作为意识形态纽带，"民主基础上的集中"与"集中指导下的民主"获得了强大的实践张力："集中不是简单地按照命令—服从的行政模式实现的，还必须全党相信中央……代表着正确路线。正是有了这种假定中央才能要求全党与自己保持一致。"[87] 但不可否认的是，这样的话语权逻辑反映在官僚体制上，自然就会出现"把权力等级尊为禀赋等级，将权力越大者塑造为道德和知识水平越高者。……特别是那些在一定范围内代表国家权威，并掌握一定国家资源的'首长'，在自己的管辖范围内都成为垄断政治、道德和知识权力的卡理斯玛权威，下级不仅在政治上要表示服从，而

---

[85] 周景芳：《政法工作要坚持和发扬党的走群众路线的光荣传统》，载《法学研究》1959年第6期，第22—23页。

[86] 荣敬本、罗燕明、叶道猛：《论延安的民主模式——话语模式和体制的比较研究》，西北大学出版社2004年版，第281页。

[87] 同上，第282页。

且在道德和知识上也要表现得谦卑"[88]。另外，话语禁忌和组织禁律的存在也使得作为"人民民主专政"实践对象的社会大众既无法以"少数/多数"的民主价值沟通来决定政治，也很难以"合法/非法"的法律技术沟通来制约政治。在由政治负责界定"敌我"，并且"对人民内部实行民主和对敌人实行专政"的二元体制下，"作为个体的'我'只有自觉服从体制的'规训'才能被承认归属于敌我斗争中的'我'"[89]。这样一来，对"话语"享有垄断权力的政治权威就"既能作为集体意志的化身从外部将自己强加于民众头上，民众意志又只能通过自己才能得以体现"[90]。而其后果则正如邓小平同志曾经指出的："权力过分集中，妨碍社会主义民主制度和党的民主集中制的实行，妨碍社会主义建设的发展，妨碍集体智慧的发挥，容易造成个人专断。"[91]

在经历过历史的教训之后，邓小平同志深刻指出："为了保障人民民主，必须加强法制。"[92] 在此基础上，江泽民同志更进一步指出："发展民主必须同健全法制紧密结合，实行依法治国。"[93] 在这里，"依法治国"首先是以"党领导人民制定宪法和法律"[94] 为前提的。因此，这也可以被视为民主集中制的法

---

[88] 冯仕政:《中国国家运动的形成与变异——基于政体的整体性解释》，载《开放时代》2011年第1期，第83—84页。
[89] 陈洪杰:《运动式治理中的法院功能嬗变（下）》，载《交大法学》2015年第1期，第108页。
[90] [美]安东尼·奥罗姆:《政治社会学导论（第4版）》，张华青等译，上海人民出版社2014年版，第30页。
[91] 邓小平:《党和国家领导制度的改革》（1980年8月18日），载《人民日报》1983年7月2日，第1版。
[92] 邓小平:《邓小平文选（第二卷）》，人民出版社1983年版，第146页。
[93] 江泽民:《高举邓小平理论伟大旗帜，把建设有中国特色社会主义事业全面推向二十一世纪——在中国共产党第十五次全国代表大会上的报告》（1997年9月12日），载《求是》1997年第18期，第15页。
[94] 同上，第15页。

治化表达，正如习近平总书记指出的："我们说的依法治国，党的十五大早就明确了，就是广大人民群众在党的领导下，依照宪法和法律规定，通过各种途径和形式管理国家事务，管理经济文化事业，管理社会事务，保证国家各项工作都依法进行，逐步实现社会主义民主的制度化、法律化，使这种制度和法律不因领导人的改变而改变，不因领导人看法和注意力的改变而改变。"[95]

六、新时代政法工作的法治转型

任何权力过于集中的体制势必都会造成官僚专权与腐败，而组织链条尤为繁复的"条块"体制更是存在大量可供官僚据以结党营私的组织间隙。尽管中央政府努力通过多元治理技术来整顿吏治，但是，随着行政链条和组织关系的延伸交错，只能更多地诉诸科层关系中上级官僚对下级属员的监督评判。"结果是，官员对官僚体制的依附更多地体现在对直接上级的依附。"[96] 也正是因为"在官僚体制中处于'承上启下'位置的'上级'具有'天高皇帝远'的'中央'所无法比拟的信息权力优势"[97]，本应"向上负责"的官僚体制终究难免落入"向上级负责"的官僚主义窠臼，政法机关异化成为"围绕着中心权力、上级权力运转的行政组织"[98]。

基于"司法权从根本上说是中央事权"[99] 的权威判定，习近平总书记深刻指出："在坚持党对政法工作的领导这样的大是

---

[95] 中共中央文献研究室编：《习近平关于全面依法治国论述摘编》，中央文献出版社2015年版，第21页。

[96] 周雪光：《国家治理逻辑与中国官僚体制——一个韦伯理论视角》，载《开放时代》2013年第3期，第19页。

[97] 陈洪杰：《转型社会的司法功能建构——从卡里斯玛权威到法理型权威》，载《华东政法大学学报》2017年第6期，第63页。

[98] 李拥军、傅爱竹：《"规训"的司法与"被缚"的法官——对法官绩效考核制度困境与误区的深层解读》，载《法律科学》2014年第6期，第14页。

[99] 本报评论员：《加快深化司法体制改革——五论学习贯彻习近平同志在中央政法工作会议重要讲话》，载《人民日报》2014年1月22日，第2版。

大非面前，一定要保持政治清醒和政治自觉……"[100] 与前文对官僚体制的问题分析相契合的是，习近平总书记指出，在党的领导权实践中，"不能把党的领导作为个人以言代法、以权压法、徇私枉法的挡箭牌"[101]。为了克服这一倾向，习近平总书记高屋建瓴的战略设想就是对"党的领导"与"官僚事权"做出区分，他说："党对政法工作的领导是管方向、管政策、管原则、管干部，不是包办具体事务，不要越俎代庖，领导干部更不能借党对政法工作的领导之名对司法机关工作进行不当干预。"[102] 以此作为切入点，习近平总书记的相关论述分别从以下三个方面涉及矫正官僚体制之弊的总体思路：

第一，官僚分权。一方面，在外部性司法体制改革层面，习近平总书记指出："要正确处理坚持党的领导和确保司法机关依法独立公正行使职权的关系。各级党组织和领导干部要支持政法系统各单位依照宪法法律独立负责、协调一致开展工作。"[103] "我们有些事情要提交党委把握，但这种把握不是私情插手，不是包庇性的插手，而是一种政治性、程序性、职责性的把握。这个界线一定要划分清楚。"[104] 另一方面，在内部性司法体制改革层面，习近平总书记指出："要以优化司法职权配置为重点，健全司法权力分工负责、相互配合、相互制约的制度安排。"[105]

第二，权力法治。习近平总书记曾经就"党大还是法大"的问题做出精辟论述："我们说不存在'党大还是法大'的问题，

---

[100] 中共中央文献研究室编：《习近平关于全面依法治国论述摘编》，中央文献出版社2015年版，第20页。

[101] 同上，第37页。

[102] 同上，第111页。

[103] 习近平：《坚持严格执法公正司法深化改革 促进社会公平正义保障人民安居乐业》，载《人民检察》2014年第1期，第1页。

[104] 中共中央文献研究室编：《习近平关于全面依法治国论述摘编》，中央文献出版社2015年版，第37页。

[105] 习近平：《加快建设社会主义法治国家》，载《理论学习》2015年第2期，第7页。

是把党作为一个执政整体而言的，是指党的执政地位和领导地位而言的，具体到每个党政组织、每个领导干部，就必须服从和遵守宪法法律，就不能以党自居……"[106] 另外，就"官僚事权"的实际操作问题，习近平总书记指出："各级领导干部要提高运用法治思维和法治方式深化改革、推动发展、化解矛盾、维护稳定能力，努力推动形成办事依法、遇事找法、解决问题用法、化解矛盾靠法的良好法治环境，在法治轨道上推动各项工作。"[107] 总而言之，"要把权力关进制度的笼子里，就是要依法设定权力、规范权力、制约权力、监督权力……要把厉行法治作为治本之策，把权力运行的规矩立起来、讲起来、守起来，真正做到谁把法律当儿戏，谁就必然要受到法律的惩罚。"[108]

第三，司法民主。习近平总书记认为："中国特色社会主义国家制度和法律制度在实践中显示出巨大优势，以下几个方面最为重要。一是坚持党的领导的优势……二是保证人民当家作主的优势……三是坚持全面依法治国的优势……四是实行民主集中制的优势。"[109] 如果再结合习近平总书记此前的讲话"坚持党的领导，就是要支持人民当家作主，实施好依法治国这个党领导人民治理国家的基本方略"[110]。我们就可以发现，民主集中制实际上是中国特色社会主义国家制度和法律制度在实践中实现纲举目张的关键所在。正如有研究者指出的："政法体制在迈向法治建设的过程中……对更为根本的民主集中制也要进行反思……既要防

---

[106] 中共中央文献研究室编：《习近平关于全面依法治国论述摘编》，中央文献出版社2015年版，第37页。
[107] 同上，第109页。
[108] 同上，第127—128页。
[109] 习近平：《坚持、完善和发展中国特色社会主义国家制度与法律制度》，载《求是》2019年第23期，第7页。
[110] 中共中央文献研究室编：《习近平关于全面依法治国论述摘编》，中央文献出版社2015年版，第19页。

止'民主'流于形式,又要防止'集中'变成专权。"[111] 而在本文看来,做到这一点的关键就是在"官僚事权"这个抓手上"抓住领导干部这个'关键少数'"[112]。正如习近平总书记指出的:"各级领导干部都要牢记,任何人都没有法律之外的绝对权力,任何人行使权力都必须为人民服务、对人民负责并自觉接受人民监督。要加强对一把手的监督,认真执行民主集中制,健全施政行为公开制度,保证领导干部做到位高不擅权、权重不谋私。"[113]

总而言之,中国共产党作为响应历史和时代召唤的使命型政党,除了必须在不同的历史阶段根据不同的时代需求与时俱进地做出正确决策,其所面临的更为实际的挑战却往往在于如何驾驭庞大的官僚集团来贯彻自己的行动意志。就此而言,无论是"革命中国"语境下的话语权逻辑,还是"法治中国"语境下的法权逻辑,其要旨都在于确保自上而下授予"官僚事权"的同时,又能够相对有效地对之施以控制。也正是在这个意义上,习近平总书记指出:"党的领导是中国特色社会主义法治之魂。"[114] 这也意味着,在制度主义逻辑已经具备取代话语权逻辑、实现普遍化支配和建构一致行动能力的社会背景下,党的领导同样需要使用法律作为避免"异议风险"的权力交往媒介,"取得'各方认可'的'交叉共识'"[115]。也正是因为"党的领导必须依靠社会主义法治……党自身必须在宪法法律范围内活动"[116]。对于"政

---

[111] 侯猛:《政法传统中的民主集中制》,载《法商研究》2011年第1期,第120页。
[112] 中共中央文献研究室编:《习近平关于全面依法治国论述摘编》,中央文献出版社2015年版,第107页。
[113] 同上,第109—110页。
[114] 同上,第35页。
[115] 陈洪杰:《转型社会的司法功能建构——从卡里斯玛权威到法理型权威》,载《华东政法大学学报》2017年第6期,第68页。
[116] 中共中央文献研究室编:《习近平关于全面依法治国论述摘编》,中央文献出版社2015年版,第36页。

法/人民司法"的法治转型而言,"权力法治"的组织机制可谓"体制之蝶"破茧重生的历史本体,在此基础上,"官僚分权"与"司法民主"就像"蝶之双翼","体制之蝶"鼓动双翼或许难以在即刻就产生空谷传音的效果,但它们未来一定会在国家体制与社会公共领域的复杂互动中带来巨变。[117]

---

[117] 参见陈洪杰:《"政法"传统的组织生成及转型——基于"党的领导"与"人民民主"的关系叙事》,载《中山大学法律评论》2020年第1期,第183页。

主题评论：
邵六益《政法传统研究》

"政法法学"如何可能？
——评《政法传统研究——理论、方法与议题》
丁　轶[*]

在当代中国的政治语境中，"政法"无疑是一个引人注目的概念术语，特别是在现实实践层面，有诸如"政法委""政法工作""政法队伍""政法战线""政法大学"一类的机构设置和制度安排，并借由官媒宣传、实践展示等渠道进入了普通人的生活世界中，成为一套对当代中国人耳熟能详、家喻户晓的日常话语体系。然而，正如孟子所谓"行之而不著焉，习矣而不察焉，终身由之而不知其道者，众也"[1]，对于绝大多数人而言，对于这套话语体系的日常熟知并不代表真的理解了其中蕴含的深刻道理，而这对于法学界亦是如此。

事实上，改革开放以来的法学知识体系演进过程，也是一个西方"现代化范式"的知识支配过程，换言之，以英、美、德、法、日等国家为代表的"西方/现代"法律制度和法学

---

[*] 丁轶，辽宁大学法学院教授。
[1] 方勇译注：《孟子》，中华书局2010年版，第259页。

知识为中国法学界提供了一幅充满诱惑力的"西方法律理想图景",以至于很多学人在"不加质疑、不予反思和不加批判的情形下便将西方现代法制/法治发展的各种结果视作中国法制/法治发展的当然前提"[2]。如此一来,"政法"这一极具中国本土色彩的话语和制度也就遭到了法学界的强烈质疑和批判,往轻处说,"这种话语注定了仍然强调政治话语的合法性。因此其规则基本是政治的而不是技术的或狭义的学术的。它的规则和评价标准是'政治正确'"[3],往重处说,诸如政法委一类的制度设置构成了"中国人治体制的核心","对加强党的领导有害无益","与法治不合","严重降低了司法权威"。[4]

但问题在于,无论是在话语还是制度层面,对于"政法"的合理评价都应该建立在深刻理解"政法"本身的内在逻辑和机理的基础之上,这是因为"了解事物是其所是的方式和理由,是使其改善的第一步和至关重要的一步"[5],套用社会学界的表达,这意味着"好的政策研究和建议需要建立在对问题现象的深入分析把握之上,即后者的分析解释为前者的规范式评估提供了理论的和经验的基础"[6],反之,如果一味纠结于"词"而不是"事",以至于"不自觉地把西方国家的政治学和宪政理论中的概念视为天经地义、理所当然并赋予其规范意义"[7],那么作为制度和话语的"政法"也就成了一个毫无存在价值和意义的"怪

---

[2] 邓正来:《中国法学向何处去(上)——建构"中国法律理想图景"时代的论纲》,载《政法论坛》2005年第1期,第21页。

[3] 苏力:《也许正在发生——中国当代法学发展的一个概览》,载《比较法研究》2001年第3期,第5—6页。

[4] 周永坤:《论党委政法委员会之改革》,载《法学》2012年第5期,第7—12页。

[5] [美]布鲁诺·德·梅斯奎塔、阿拉斯泰尔·史密斯:《独裁者手册——为什么坏行为几乎总是好政治》,骆伟阳译,江苏文艺出版社2014年版,第4—5页。

[6] 周雪光:《中国国家治理及其模式——一个整体性视角》,载《学术月刊》2014年第10期,第10页。

[7] 苏力:《道路通向城市——转型中国的法治》,法律出版社2004年版,第81页。

胎"和"异类",只能被历史大潮所淹没。

正是在这个意义上,邵六益的《政法传统研究——理论、方法与议题》(以下简称《政法传统研究》)一书为我们做出了良好的示范,虽然该书以政法传统为标题,但在其深层次的理论抱负层面上,作者实际上想为法学界贡献出一种"政法法学"的研究进路[8],从而"在法教义学和社科法学强盛的今天,更为全面地理解制度变迁的逻辑,为构建中国特色的法治理论提供坚实的基础"[9]。换言之,将"政法"视为一个总体性概念,既不以"西方法律理想图景"为标尺来简单度量和评判当下的政法体制及其实践,又试图"超越中立化的社会科学描述,回到其自身的理论脉络之中,重新发现政法体制的历史含义与时间维度"[10]。

不过,当这样一种自称为"政法法学"的研究进路(甚至是流派)"闪亮登场"时,对于任何读者而言,一个再自然不过的直觉性反应便是:何谓"政法法学"?在本文看来,这个问题看似简单,实则构成了理解《政法传统研究》的一大关键之处,即该书是否为我们呈现出了一种清晰的"政法法学"面貌?笔者认为,这个问题一旦处理不好,反倒有可能导致作为一种研究进路的"政法法学"遭到不必要的误解和质疑。相应地,在接下来的论述中,本文拟分三个部分梳理《政法传统研究》的相关论证,旨在呈现出"政法法学"可能具有的三张面孔,并对其中存在的问题进行揭示和分析,力图使作为一种研究进路的"政法法学"清晰化。

---

[8] 当然,在该书所分的上中下三篇中,中篇即命名为"作为研究进路的政法法学",但本文的评论并不局限于中篇的内容,而是以全书的整体讨论作为分析对象,将上篇的政法体制和下篇的政法问题一同纳入进来,考察政法法学的相关问题。与此同时,尽管由强世功教授撰写的该书"思考政法(代序)"是理解政法法学的重要文献,但考虑到本文主要是针对《政法传统研究》一书的评论,加之作者在某些问题的理解和立场上与"思考政法(代序)"并不完全一致,因此本文在具体评论中不涉及"(思考政法)代序"内容。

[9] 邵六益:《政法传统研究——理论、方法与议题》,东方出版社2022年版,第298页。

[10] 同上,第2页。

一、关注"政法体制"

通常来讲，就像法教义学关注法律文本和规范，社科法学关注法律运行过程中的事实性因素，政法法学作为一种研究进路，如果可能，也必定具有区别于其他研究进路的地方，这样一来，政法法学的特有研究对象就成了理解这种研究进路的第一个切入点。

就此而论，"政法体制"显然成为了政法法学的独特研究对象。[11] 对此，在《政法传统研究》一开篇，作者就指出，政法体制"不仅是某种政治与法律的关系的理论、制度和实践，更是国家的政治整合机制的组成部分，与政党模式、政权形式、经济模式、国家治理、法律体系、社会结构等一系列的宪制议题有着紧密的关联"。此外，作者还认为，尽管"政法体制是内在于国家政治经济文化的总体性概念，但从法学研究的视角来说更为关注政治法律实践"。[12] 可见，在作者眼中，政法体制既可以是一个"厚概念"，涵盖了理论、制度、实践多个方面，又可以是一个"薄概念"，主要指代一种独特的政治法律实践。

然而，无论是"厚概念"还是"薄概念"，政法体制都是一种具有特定所指的制度和实践。诚如有学者所述：从静态结构上来观察的话，政法体制实际上是围绕着三个机构设置来展开运作的，即各级政法机关设立的党组、负责联系与指导各政法机关的党委政法委员会以及负责牵头管理政法干部的党委组织部。[13] 若从"政法"本身的范畴角度来看，政法体制又有狭义上的"小

---

[11] 需要说明的是，尽管该书书名为《政法传统研究——理论、方法与议题》，但在笔者看来，所谓的"政法传统"也无非是"政法体制"的另一种表述，即从历史和时间维度来看，"政法体制"主要体现为一种"政法传统"或"政法体制传统"，这样一来，"政法体制"仍然构成了"政法法学"的主要研究对象。

[12] 邵六益：《政法传统研究——理论、方法与议题》，东方出版社 2022 年版，第 3、6 页。

[13] 参见侯猛：《当代中国政法体制的形成及意义》，载《法学研究》2016 年第 6 期，第 5 页。

政法体制"和广义上的"大政法体制"之分。其中，前者是指"中国共产党领导政法系统建设平安中国和法治中国的治理架构"，主要由"党委政法委、审判机关、检察机关、公安机关、国家安全机关、司法行政机关"所组成（即通常所谓的"政法系统"）。相比之下，后者虽然是指"中国共产党领导政法系统和其他系统共同建设平安中国和法治中国的治理架构"，但更为强调各级党委所建立的"以政法系统为主要依托的统筹协调机制"。[14] 可见，若是以政法体制作为研究对象，《政法传统研究》一书势必要围绕着执政党展开，进而对党如何在特定机关内（或者说党如何借助于这些机关）实现特定时期的大政方针和治理目标进行制度或实践方面的具体研究。

应该说，《政法传统研究》一书确实注意到了政党因素，尤其在该书的第二章中，作者对"政法体制中的政党"给予了重点关注。他认为，一方面，"党对政法工作的领导给政法工作注入了社会主义的价值维度，有助于在法律之外维持另一种规则体系和价值准则，保证了多重价值知识整合的可能，不仅有助于不断推行当时的主流价值观，还可以缓解法律本身僵化、保守的问题"；另一方面，党的领导本身又致力于实现对人民的实质代表，"借以沟通法律与民意的机制，能够超越形式主义或科层主义的束缚，回应当前日益严重的社会分化和资本的无序扩张的问题"。[15] 而以上述思想为指导，作者在该书第六章中又对政法体制的潜在表现形式——法院内部的审判委员会制度及其实践——进行了专门研究，认为"审判委员会的构成人员的政治性使得党的影响力能够更好地发挥作用"，其具体体现就是审判委员会对

---

[14] 参见黄文艺：《政法范畴的本体论诠释》，载《中国社会科学》2022年第2期，第69页。

[15] 邵六益：《政法传统研究——理论、方法与议题》，东方出版社2022年版，第68、74页。

于案件的讨论"需要回应政法委、当地政府、地方人大乃至上级法院的政治要求，还要保证案件审理结果得到当事人和社会的认可"，它通过有效引入政治、社会等方面的因素考量，不但"缓解了法条的严格性或滞后性"，还"提供了法官超越法律之外进行说理的根据"。[16]

不过，如果上述内容就是《政法传统研究》一书中有关政法体制的主要内容的话，那么这种理论处理无疑会存在着一定的问题，在笔者看来，这个问题主要体现在研究对象方面，即严格来说，《政法传统研究》中的很多章节所关注的对象和问题，其实并非和政法体制有关。比如，如果按照前述学者对于政法体制的界定，至少立法机关并不属于通常意义上或者说广义上的"政法系统"或"政法机关"，相应的立法活动和工作也并非属于政法法学的关注对象。[17] 这样一来，《政法传统研究》一书中讨论立法问题的相关章节，也就与政法体制基本无涉了。需要指出的是，笔者的这种批评并非吹毛求疵或者"鸡蛋里挑骨头"，而是想指出，作者对于政法体制的界定和理解，仍有继续深入、细化的必要和空间。

（一）政法体制的概念构成问题

纵观目前对于政法体制的主流界定，政法体制这个概念实际上由两个要素所组成，一是政法机关，二是党对于政法机关的领导。其中，为什么审判机关、检察机关、公安机关、国家安全机关、司法行政机关这些机关而非其他机关属于政法机关，既有历史方面的原因又有功能方面的原因，即这些机关无疑是在新中国

---

[16] 邵六益：《政法传统研究——理论、方法与议题》，东方出版社2022年版，第216—217、202、213页。

[17] 当然，这并非说立法机关不受党的领导或者说立法活动不会受到执政党的影响，诚如本文接下来所揭示的那样，执政党领导立法机关和立法活动是一回事，这种领导是否属于政法法学的研究对象则是另外一回事，这里涉及两个概念的区分问题。

成立初期有助于实现政权巩固，以及在改革开放时期有助于实现社会稳定的最主要、最直接的机关，是能够战斗在镇反、严打、维稳、反恐等工作第一线的机关，故而具有运行灵活、反应迅速、震慑力强、便于统一组织和动员等鲜明特征。而这些特征是立法机关所不具备的，因此对于政法体制的理解势必要以政法机关为前提和基础。同时，也正是由于政法机关具有上述特征和属性，党对于政法机关的领导才会主要采取党委政法委以及当下的党委法治建设议事协调机构等委员会、领导小组这样灵活的组织形式展开，其目的显然在于保证各级政法机关在发生突发状况或者党在做出某些紧急决策时能够有效组织、快速动员、及时行动。就此而论，虽然说党的领导构成了政法体制的核心，可一旦具体到党如何实现领导这样的问题上，政法机关却成了真正的核心。换言之，只有在先确定政法机关的范围以后，才有可能对于党的领导问题展开实质性讨论。反之，如果忽略了政法机关的内涵和外延，对于政法体制的研究就有可能泛化为对于"党政体制"的研究，二者虽然相似，实则不能等同。

（二）政法体制与党政体制的区分问题

众所周知，中国共产党领导是《中华人民共和国宪法》明确规定的中国特色社会主义最本质的特征，"中国特色社会主义制度的最大优势是中国共产党领导"[18]，《中国共产党章程》明确指出"党政军民学，东西南北中，党是领导一切的"，这是对于上述现实最形象的概括。正是在这个意义上，"党政体制"成为描述和研究党的全面领导的概念术语，主要关注将执政党组织与其层级对应的政府体系紧密融合在一起的相关制度、机制、实践等内容。[19] 显然，从概念关系上来讲，党政体制应该是政法体

---

〔18〕 习近平：《习近平谈治国理政（第二卷）》，外文出版社2017年版，第43页。
〔19〕 参见王浦劬、汤彬：《当代中国治理的党政结构与功能机制分析》，载《中国社会科学》2019年第9期，第4—24、204页。

制的上位概念，即前者关注的是一般意义上的"党"（党委、党组）与"政"（包括立法、行政、司法等机关在内的科层体制）之间的具体关系[20]，后者关注的则是特殊意义上的"党"（如政法委、党委法治建设议事协调机构以及单位内部的党组等）与"政"（即前述的政法机关）之间的具体关系[21]。这样看来，至少《政法传统研究》一书中对于立法问题的研究，在研究对象方面其实更属于针对党政体制而非政法体制的研究，比如关注中国共产党作为政治价值的提供者，如何为在多元代表之上达成政治共识提供基础和机制，从而进一步夯实人大立法的民意基础，以及如何借助党的组织机制将人大代表中的党员代表意志统一起来，从而避免立法过程中的利益纠缠等等。[22]

但有意思的地方在于，即便将政法体制与党政体制区分开来，《政法传统研究》一书对于立法问题的很多讨论也并非围绕着党政体制展开，这方面可以以作者对于《中华人民共和国民法典》（下面简述为民法典）编撰的两章（第八、九章）研究为例。在这两章中，作者实际上并没有关心民法典编撰过程中的执政党与立法机关（乃至于人大代表）之间的具体关系，而是将重心聚焦在民法典编撰背后的主导逻辑反思和民法典精神的具体解读上，其核心观点认为中国民法典不能仅仅具有传统民法典的个人主义、形式平等、私权至上等精神，更应该体现出与社会主义

---

[20] 这也是目前多数讨论党政体制的文献所倾向于使用的分析框架，笔者之前在党政体制如何塑造地方法治建设活动的研究中，也同样遵循了这种"党"（党委及其领导小组）与"政"（科层体制）融合互动的框架逻辑。参见丁轶：《党政体制塑造地方法治的逻辑与路径》，载《法商研究》2022年第6期，第142—156页。

[21] 实际上，作者也注意到了"党政体制"这个概念，并认为中国共产党通过党政体制将"自身组织、行动逻辑、意识形态、价值导向植入政府体系，使得中国的国家机关成为承载党的初心使命的科层制"。可以看出，作者对于党政体制的理解与学界的通常理解几乎一致，但却没有将党政体制与政法体制这一全书的核心概念进行必要的区分。参见邵六益：《政法传统研究——理论、方法与议题》，东方出版社2022年版，第7页。

[22] 参见同上，第82—86页。

政法体制相匹配的身份区别逻辑。换言之,"中国民法典的特殊性在于其国家性","民法典要更为关注社会平等,关注对难入法律之门的社会弱者的充分保护,这是社会主义民法典立法和实践的应有之意"。[23] 中国民法典应该"建立在社会主义政法逻辑之上,从阶级的视角去理解人民的构成,并借助区分化逻辑实现同质化的政治构建"[24]。进而,如果将视野扩大到全书,我们还可以发现,作者的诸如"社会主义政法逻辑""区分化逻辑"等主张和观点,其实并非局限于与民法典相关的章节一隅,而是散见于全书各章之中。这意味着,除了表面上作为研究对象的"政法体制",《政法传统研究》一书中所呈现出来的政法法学研究进路,可能还具有另一张面孔,这就是力图揭示出某种"政法逻辑"。

二、揭示"政法逻辑"

必须承认,政法体制的背后肯定也存在着一套稳定共享的体制逻辑,因此,针对现实中不同制度、实践和话语背后的逻辑加以揭示、辨析和论证,显然也可以成为政法法学的研究进路。这种做法还可以避免上一部分笔者批评的问题。因为政法体制往往与特定机关相关,所以政法法学看上去自然应该围绕着政法机关展开讨论,但政法逻辑却不必如此,它可以超出这些机关的限制而弥散于各种制度、实践和话语之中,只不过存在着不同程度的差别而已。就此而论,"揭示政法逻辑"就成为理解这种研究进路的第二个切入点。

以《政法传统研究》的第四、五章为例,一方面,面对目前逐渐成为显学的社科法学流派,作者对社科法学内部的三种不同研究方法——法律社会学、法律人类学和法律经济学——进行了

---

[23] 邵六益:《政法传统研究——理论、方法与议题》,东方出版社2022年版,第266、267页。

[24] 同上,第278页。

逐一考察和批判。作者认为，这三种研究方法都过于强调非政治因素，而不自觉地"忽视了政治因素"或"将国家因素隐藏了"，这样做的结果则是"政法传统下的法律变成了公共行政下的无政治的规则，原本附着于法律之上的政治和权力隐退了，剩下的全是行政问题，也就是施米特笔下的没有敌我区分的碌碌庸庸的世界"。相应地，在作者看来，若社科法学不想沦为一种对于重大理论问题漠不关心、缺乏政治分析的工具，就必须具备某种"想象力"，而"这种想象力主要不是社科法学的基本方法，而是对中国式问题的创造性解答在于在宪政研究中发现和安顿政党、在司法研究中再次发现'政法传统'、在乡村研究中再次发现国家"。换言之，"社科法学对政治的找回，恰好预示着政法法学的重新复归"[25]。另一方面，面对刑法学界多年的"去苏俄化"趋势，作者明确指出："去苏俄化"表达的背后实际上隐藏着自由主义化的政治追求，刑法学界对于新中国前30年苏联化法学影响的摒弃和清理，看似是一种告别以国家、集体等公共利益为基石的制度设计，转而迈向以权利、自由、形式理性化为中心的中性现代化道路的努力，看似是一种严格限制国家刑罚权、高度保障犯罪嫌疑人和被告人权利的"去政治化"主张，实则蕴含了一种根深蒂固的、极具价值倾向性的"政治化立场"，即自由主义的刑法哲学以及相应的对于"国家与社会/个人"关系的全新理解。然而在作者看来，这种表面上的"去政治化"表达其实建立在对政治的片面理解上，即"国家主义的刑法观是政治性的，考虑个人主义的刑法观则是非政治的"。进而，由于"苏俄法学知识代表了新中国前30年的政法传统，是实现社会主义的重要途

---

[25] 邵六益：《政法传统研究——理论、方法与议题》，东方出版社2022年版，第133、135、147、149、149页。

径"[26]，因此改革开放后刑法学界对于以德、日刑法学为代表的自由主义的推崇，在某种程度上可能被视为对社会主义政法传统的存在价值的间接否定，这有可能导致"人民"及其背后的公共利益遭到忽视。

然而，当上述论断呈现在读者面前时，一系列疑问再次产生，比如何谓"公共行政下的无政治的规则"、何谓"对政治的找回"、何谓"去政治化"等等，进而，这些疑问可以归结为一个核心问题：应该如何理解作者文中所使用的"政治"概念？

实际上，对于"政治"的理解，不同时代、不同学科、不同身份的论者已经给出了各种答案，诸如"政治就是获得和维持政治权力"[27]"'政治'讲的是由上下级关系在其中占主导地位或居于主要关系的社会情形"[28]"每一种自主的领导活动，都算是政治"[29]之类的定义不胜枚举。相比之下，在《政法传统研究》一书中，作者所理解和运用的"政治"概念具有多义性，体现出了极为多样的思想来源。具体来说：

（一）"决策"或"意志形成"意义上的"政治"概念：按照弗兰克·J·古德诺（Frank J. Goodnow）的经典表述，在所有的政府体制中都存在着两种主要的或基本的政府功能，即国家意志的表达功能和国家意志的执行功能，这两种功能分别被称作"政治"与"行政"。[30]可见，将"政治"理解为一种作出决策意义

---

[26] 邵六益：《政法传统研究——理论、方法与议题》，东方出版社2022年版，第178、182页。

[27] ［美］布鲁诺·德·梅斯奎塔、阿拉斯泰尔·史密斯：《独裁者手册——为什么坏行为几乎总是好政治》，骆伟阳译，江苏文艺出版社2014年版，第13页。

[28] ［美］戈登·塔洛克：《官僚体制的政治》，柏克、郑景胜译，商务印书馆2010年版，第12页。

[29] ［德］马克斯·韦伯：《学术与政治》，钱永祥等译，广西师范大学出版社2004年版，第195页。

[30] 参见［美］弗兰克·J·古德诺：《政治与行政》，王元译，华夏出版社1987年版，第12—13页。

上的"意志表达"或"意志形成",是一种理解"政治"概念的常见思路,也是界定与之相对的"行政"概念的通常思路。对此,作者也接受了上述理解,并在《政法传统研究》一书中多次使用,比如认为审判委员会"代表了司法过程中的政治决策逻辑,指向意志形成",而合议庭则"指向意志的实施"。[31]

(二)亚里士多德的"政治"概念:在这种思路下,"政治"被理解为人类社会内部必然存在的事务类型,只要有人群存在,就会有"政治"事务,所以作者才会认为"社会学关心的核心问题始终是人与人的关系,关心的是整个社会的运作问题,这些人际关系的最高层次便是政治"[32]。

(三)施米特的"政治"概念:众所周知,施米特对于"政治"概念的核心界定便是强调敌友之分,但或许是直接引入"敌友之分"容易引起争议,作者在《政法传统研究》一书中选择了另一种方式引入了施米特的思想,即遵循施米特对于自由主义的批评,将自由主义的主张和实践视为一种"去政治化"或"非政治化"的体现,从而认为"法律经济学分享的自由主义前提将自由民主的意识形态隐秘地带入法律研究,这种不自觉的承认在更深的层面上消解了政治"[33]。

(四)汪晖的"政治"概念:在汪晖看来,1949年之后,原先的"革命政治"面临着"去政治化"的侵蚀,其主要表现就是出现了"政党—国家体制"的官僚化问题。换言之,"政党日益向常规性的国家权力渗透和转化,进而在一定程度上成为'去政治化的'和功能化的国家权力机器",这实际上体现出了一种从"政党—国家体制"向"国家—政党体制"的转化,其中,"前

---

[31] 参见邵六益:《政法传统研究——理论、方法与议题》,东方出版社2022年版,第215页。
[32] 同上,第131—132页。
[33] 同上,第146—147页。

者包含着一种政治性的态势,而后者则专注于权力的巩固"[34]。可以说,作者也在一定程度上接受了汪晖的思想,这主要体现在作者在政党政治与科层制(即汪晖所谓的官僚化)之间建立起了二元对立关系,认为"政党政治在现代社会所遭遇的最大的困境在于科层化国家治理的束缚,而法律及其塑造的制度便是现代科层制的依据。政法体制跳出了科层制法律的束缚,成为贯彻党的革命伦理、教育人民的司法剧场"[35]。

(五)马克思主义的"政治"概念:诚如列宁的经典定义"政治就是各阶级之间的斗争,政治就是无产阶级为争取解放而与世界资产阶级进行斗争的关系"[36],马克思主义的"政治"概念显然以"阶级"为中心,换言之,"政治"是一种建立在阶级区分、差别、对立、冲突、斗争基础上的存在形式,在《政法传统研究》一书中,这种以阶级区分为基础和中心的"政治"概念得到了广泛的使用,比如"前几次编纂民法典不成功的重要原因是,新中国所确定的区分化政治逻辑与19世纪民法的个人本位之间存在内在张力"[37]。

必须承认,作者之所以对"政治"概念有如此多样化的界定,其中的一大重要原因显然在于"政治"本身具有高度的模糊性,"它缺乏任何像价格测量杆那样的东西,涉及大量极难测量的目标之追逐,而且它所包含的过程使它难以观察或测量政治表

---

[34] 汪晖:《去政治化的政治、霸权的多重构成与六十年代的消逝》,载《开放时代》2007年第2期,第9页。
[35] 邵六益:《政法传统研究——理论、方法与议题》,东方出版社2022年版,第54页。
[36] 中共中央马克思恩格斯列宁斯大林著作编译局:《列宁选集(第四卷)》,人民出版社2012年版,第308页。
[37] 邵六益:《政法传统研究——理论、方法与议题》,东方出版社2022年版,第270页。

现的重要面向"[38]。但问题在于，这种"盲人摸象"般的"政治"理解固然有助于我们认识到"政治"的复杂面貌，同时又会带来一个无法回避的难题，即作者所谓的"政法逻辑"，到底应该以哪种"政治"概念为基础？实际上，上述不同的"政治"概念在具体研究中既不可能也无必要得到全部使用，其原因在于这些"政治"概念有些属于政治哲学意义上的概念（比如上述第二、三、四类概念），有些则属于政治科学意义上的概念（比如上述第一、五类概念）。换言之，政治科学意义上的"政治"概念重在具有可识别性和可操作性，能够帮助研究者更清晰地界定和阐述具体问题。而政治哲学意义上的"政治"概念要么可操作性不强，要么识别标准模糊（比如即便自由主义的主张和实践是一种"去政治化"或"非政治化"的体现，但如何界定某种主张或实践是"自由主义"的，却是一个有高度争议的问题），其重心在于体现出思想的深刻性和视野的开阔性，旨在帮助研究者跳出微观问题进行宏观思考。

这样一来，《政法传统研究》一书中屡屡提到的"政法逻辑"也就具有了两种可能。一是政治哲学或法哲学意义上的"政法逻辑"。比如，作者认为，在司法领域，政法逻辑主要体现为司法工作始终要为国家大局服务；在行政诉讼领域，政法逻辑主要体现为行政诉讼是实现党和国家任务的工具（与将行政诉讼视为通过法律限制行政权的"法政逻辑"相对立）。[39] 二是政治科学意义上的"政法逻辑"。比如，作者认为，"民法典传统精神在于个人主义、形式平等、私权至上，这与社会主义政法体制的身份区分逻辑存在一定的张力，因而也在很大程度上导致了前三次民法

---

[38] [美]保罗·皮尔逊：《时间中的政治》，黎汉基、黄佩璇译，江苏人民出版社2014年版，第45页。

[39] 参见邵六益：《政法传统研究——理论、方法与议题》，东方出版社2022年版，第244—245页。

典起草工作功败垂成"[40]。前一种意义上的"政法逻辑"旨在实现理论升华,是对于具体问题分析结论的进一步"拔高"和"宏观思考",而后一种意义上的"政法逻辑"则是一种实用的研究思路和工具,能够帮助作者更好地分析阐释相关制度、实践和话语。

值得注意的是,纵观《政法传统研究》全书,作者实际上是把这两种意义上的"政法逻辑"不加区分地混合使用了。一方面,他运用所谓的"身份区分逻辑"或者"区分化逻辑"来分析各类制度、实践和话语;另一方面他又常常在研究的结尾部分试图引入"政法逻辑"来升华其研究的理论意义和价值。然而,这种做法存在显著问题。由于两种意义上的"政法逻辑"依赖于不同种类的"政治"概念的支撑,这导致在同一个研究中出现"政治泛化"和"政治冲突"并存的现象。一方面,"政治"概念成了一个无所不包的"口袋"概念,诸如权力、国家、政党、治理、大局、决策、合法性、实质平等、群众路线、社会主义等宏大而又抽象的议题,似乎都可以被纳入"政治"的口袋中而得到解释。然而,正如有学者所言,"一个概念如果过分地延伸就会断裂而失去作用"[41],这同样适用于"政治"概念。如果上述提及的概念仍具有存在的价值,那么它们就应该与"政治"概念形成适当的区隔空间,尽管这些空间之间不必是完全封闭和独立的。另一方面,当诸多议题被统统归入"政治"议题时,又会导致各种分析"打架"的现象。比如,当社科法学忽视了政治因素而需要找回政治时,这种"政治"究竟是指哪种意义上的"政治"?如果是指社科法学的当前研究导致作为研究对象的法律蜕

---

[40] 参见邵六益:《政法传统研究——理论、方法与议题》,东方出版社2022年版,第248页。
[41] [美]肯尼斯·米诺格:《当代学术入门——政治学》,龚人译,辽宁教育出版社1998年版,第7页。

变为"公共行政下的无政治的规则",那么这种找回的"政治"必然是施米特意义上的"决断政治"甚至是"敌友之分的政治",但这种"政治"对于当下中国的法治建设和法学研究的关联性和借鉴价值又何在?反之,如果需要找回的"政治"是政法传统脉络中的"政治",那么问题的关键其实在于社科法学的研究方法需要进一步丰富而已,比如可以引入某种版本的"方法论国家主义"[42]、"政党中心主义"[43],或者是作者所青睐的"阶级分析方法"[44]。但无论如何,我们必须要认识到,"政治"概念的泛滥会削弱作者的论证效果。这不仅容易使读者对作品的具体属性产生不必要的误解,更会导致本应突出和强调的"阶级分析方法"被淹没在"政治泛化"的茫茫大海中。

三、重拾"阶级分析"

那么,前文所提的"阶级分析方法"会不会是彰显出政法法学特色的研究进路呢?这就涉及理解政法法学的第三个切入点,即"重拾阶级分析"能否使政法法学成为可能?

必须承认,"阶级"概念对于作为社会主义国家的中国而言有着十分重要的价值和意义。我国宪法无论是在序言还是总纲部分,都高度强调和突出了"阶级"的重要地位:无论是序言中的"工人阶级领导的、以工农联盟为基础的人民民主专政,实质上即无产阶级专政,得到巩固和发展"还是总纲中的"中华人民共和国是工人阶级领导的、以工农联盟为基础的人民民主专政的社会主义国家",都表明只有理解了"阶级"才有可能对"国体"

---

[42] 笔者也曾经对社科法学的"找回政治"问题进行过分析,但给出的思路是引入笔者所谓的"方法论国家主义"。参见丁轶:《国家主义的两重维度》,载《政治与法律》2017年第1期,第77—88页。

[43] 参见景跃进:《将政党带进来——国家与社会关系范畴的反思与重构》,载《探索与争鸣》2019年第8期,第85—100、198页。

[44] 当然,这是笔者的归纳而非作者的原话,不过,考虑到在《政法传统研究》一书中作者一再提出"身份区分逻辑""区分化逻辑"等主张,笔者认为仍然有充分理由可以将上述主张视为一种以"身份区分"为中心的"阶级分析方法"。

的实质内涵形成深入的认识。而且，在2018年修宪以后，随着中国共产党的领导被正式列入到国体条款之中，"阶级"经由国体直接与党的领导形成了不可分割的联系。另一方面，宪法序言中的"在我国，剥削阶级作为阶级已经消灭，但是阶级斗争还将在一定范围内长期存在。中国人民对敌视和破坏我国社会主义制度的国内外的敌对势力和敌对分子，必须进行斗争"的表述，实际上已经成为"政法体制"之所以存在的宪法依据和宪制基础。如此看来，无论是从党的领导还是从政法体制出发，政法法学对于"阶级"加以关注并在研究中运用"阶级分析方法"，似乎是一个再正常不过的选择。

以《政法传统研究》的第三章为例，在司法专业化和职业化主导下的司法改革的大背景下，公法意义上的"公民"和诉讼法意义上的"当事人"已经全面取代了政法传统下的"人民"和"群众"，成为司法过程中的"通行术语"和"权利主体"，这意味着"人民……不再是需要被司法不断驯化的法盲，而是责任自负的理性当事人"，这实际上反映了"现代法治所期待的是同质化的公民，农民或市民的身份区别并不重要。重要的是，他们都是《合同法》规定的'自然人'，都是《民事诉讼法》规定的'当事人'，法官可以用同样的方式来对待他们的诉讼请求，以此减轻法官区别化对待的工作压力"。但在作者看来，这种看似赋权的同质化努力其实并不成功，这不仅是因为"对于基层群众而言，当他们无法在精巧化的诉讼程序中获得实质正义时，会通过信访等方式向法院之外的政治机构寻求帮助——即便司法程序已经终结"，更是因为"当某些人民群众还无法收集证据、制定预案、参加诉讼的时候，正规化、规范化和复杂化的诉讼程序所打造的司法门槛，必会将这部分当事人拒于法律之门外"，因此，相比于程序主义所设想的去身份化、同质化的当事人方案，作者认为更应该从政法传统中寻找解决问题的答案,因为"政法传统中的人是阶级关系中具体的一方,法律也需要具体地对待人的阶级地位,重视的不是形式上的法律规定,而是法律的实质后果",唯有如此,执政党才有可能"通过司法政策力求做到对司法之中弱者的帮助,避免精英化程序主义造成的专业壁垒,以便在最终的司法效果上能够实现大体上的平等"。[45]

可见,作者所运用的"阶级分析方法"主要有三点特征。一是以"群众"为对象。"群众"是一个具有鲜明中国特色的概念,它既不同于中国传统文化中的"臣民",也不同于西方政治体系中的"公民",而是介于二者之间,是"人民"的不彻底的具体化。[46] 在现实的法律实践中,"一方面,群众具有公民的主动性、积极性等特征,可以在疑难案件、难办案件中充分表达自己的疑问和不满;另一方面,一旦自己的法律解释被法律人所否定,群众的被动性、无助性等特征就显露无遗,亟需组织的倾听、关怀和帮助"[47]。而在《政法传统研究》一书中,作者对于"群众"的理解则具有较强的个人化色彩,多数情况下将"群众"等同于"底层群众"或"弱者",这是对"群众"概念的再分解,即将通常理解的"群众"整体进行了"再阶级化处理",选择其中的、与社会精英群体相对的"弱势群体"作为"群众"的现实体现。二是以"身份区分"为中心。"区分"实际上就是一种"归类"(classification)或"分类"(taxonomy),是"人们把事物、事件以及有关世界的事实划分成类和种,使之各有归属,并

---

[45] 邵六益:《政法传统研究——理论、方法与议题》,东方出版社2022年版,第89、95、101、104、112、113页。
[46] 参见丛日云:《当代中国政治语境中的"群众"概念分析》,载《政法论坛》2005年第2期,第16—25页。
[47] 丁轶:《当代中国法治实践中的"转型法理学"——基于转型中国二元合法性间张力的考察》,载《人大法律评论》2014年第2期,第93页。

确定它们的包含关系或排斥关系的过程"[48]。尤其在阶级研究中，对社会群体进行分类是必要的工作，以确定不同的社会阶级以及阶级内部的不同阶层。[49] 在《政法传统研究》一书中，作者并非想提出"身份区分"的具体标准，而是想借助"身份区分"概念表达"政法体制"的一大功能优势，即政法体制是一种迥异于科层制的体制类型——如果说后者为了实现运行的高效率对很多本该区分对待的群体进行了"同质化处理"，那么政法体制的优势恰恰在于可以针对科层制处理不了或者处理不好的问题进行"兜底性解决"。三是以"实质平等"为价值取向。为什么要为"底层群众"的问题进行"兜底性解决"？这就涉及价值取向问题。作者实际上接受了新左派的观点，认为"前30年"的社会主义实践强调了对"实质平等"的主张和探索，即"社会主义打造了国家认同的社会基础，将实质平等理念灌输到全体人民心中，成为毛泽东时代留给共和国的重要遗产"[50]。因此，作者的"阶级分析"具有强烈的指向性，即"阶级分析"的目的并非在于借助某种"身份区分标准"识别出现实社会中的"弱者"（这是通常的"阶级分析研究"要完成的工作），而是在于面对不平等的社会现实，只有通过"政法体制"的制度安排，才有可能实现比"形式平等"更加高级的"实质平等"局面。

应该说，作者的这种处理独具匠心，是对于一般意义上的"阶级分析方法"的进一步升级，是一种包含了特定政治哲学理想的社会科学研究。但在笔者看来，作者的这种"阶级分析方

---

[48] [法] 爱弥尔·涂尔干等：《原始分类》，汲喆译，商务印书馆2011年版，第2页。

[49] 参见朱光磊、王通：《阶层与分层——中国社会成员构成研究中的两种分析逻辑》，载《吉林大学社会科学学报》2020年第6期，第13—23、231页。

[50] 邵六益：《政法传统研究——理论、方法与议题》，东方出版社2022年版，第280—281页。

法"仍然存在如下两方面问题需要解决。一是"底层群众"的识别标准问题。实际上，尽管作者没有给出清晰的"身份区分标准"来识别出现实社会中的"底层群众"或"弱者"，但在具体行文中，又确实揭示出了"弱者"的某种"现身机制"，这便是作者所谓的"在司法程序中无法获得满意解答的上访人、信访人，将求助的目光从法院系统转移到党政机关，当事人从法治话语所设计的游戏规则中退出来，他们不再是法庭上的当事人，而是重新化身为政法体制中的人民"[51]。但这种观点显然是一种过于理想化的论证，对此，大量研究发现，现实中的很多上访者绝非能够用"底层群众"或"弱者"这样的概念来简单形容，他们要么执着于自己的想象正义观念而寻求实现，要么试图通过上访来获得更多的物质利益。对于这些情况，显然要求作者给出一个清晰合理的"身份区分标准"，即到底哪些群众真正属于政法体制的关照对象和实质平等的覆盖对象？不过，考虑到作者所谓的"身份区分"主张主要来源于"前三十年"的社会主义实践，在单位制和人民公社体制彻底解体的时代背景下，这种"身份区分标准"能否给出也成为了一个十分棘手的难题。

二是"阶级分析方法"的使用限度问题。"阶级分析方法"能否处理规范性问题，这个问题在《政法传统研究》的第五章中直接凸显了出来。实际上，指出"去苏俄化"的话语属于一种自由主义表达是一回事，是否应该恢复"苏俄化"的刑法理论来指导当前的刑事司法实践又是另外一回事。目前更倾向于采用罪刑法定原则和三阶层理论的根本原因不在于理论本身，而是在于时代变迁所带来的科学技术的发展。换言之，我们需要注意到在共和国前30年与后40年之间的科技水平差距，在后40年，"发达

---

[51] 邵六益：《政法传统研究——理论、方法与议题》，东方出版社2022年版，第115页。

的通讯技术和交通工具以及充足的经费预算保证了立法者不仅可以开展广泛深入的调研,还能非常方便地借鉴域外经验和历史经验;法律实施过程中遇到的新问题也能以各种便捷方式及时传递给立法者"。这就使得通过立法方式(比如出台刑法修正案)来调整某些行为变得更为可能,且争议更小。相比之下,"许多不应被惩罚的行为会因为法官擅断罪刑(包括扩张解释或适用类推)而被错误定罪"所带来的错误成本反倒开始变大。[52] 在这种情况下,强调保护犯罪嫌疑人的基本权利以及有助于"出罪"的三阶层理论,显然可以进一步巩固科技进步所带来的精准治理红利。尽管作者曾经指出——"苏俄刑法学乃至整个社会主义法学理论,都是建立在'人民'这个政治概念之上、以实现实质平等作为目标的,这种追求直到今天依旧有其意义"[53],但在笔者看来,这种"意义"可能仅限于理论争鸣层面,不应该直接对现实实践产生影响。否则,过于强调社会危害性的苏俄刑法学理论不但无法在实践中有效保障公共利益和公共秩序,反倒可能削弱科技进步所带来的精准治理效果。因此,在使用"阶级分析方法"方法时,我们必须要考虑到这种方法的内在限度,对于很多涉及公共政策调整的规范性问题,可能更加合适的研究进路仍然是社科法学和法教义学,"阶级分析方法"至多可以在确定合理可行的对策建议之后对其进行正当性论证,因为"阶级,毕竟并不能穷尽社会行动的整个解释空间"[54]。

四、结语

在《政法传统研究》一书的结语部分,作者曾坦言:"一个

---

[52] 桑本谦:《科技进步与中国刑法的近现代变革》,载《政法论坛》2014年第5期,第41、40页。

[53] 邵六益:《政法传统研究——理论、方法与议题》,东方出版社2022年版,第181页。

[54] [美]詹姆斯·C. 斯科特:《弱者的武器》,郑广怀等译,译林出版社2011年版,第51页。

成熟的学术范式，既需要有学者的主张和宣传，更需要有典范性的研究：对确定范围的主题进行某种规格化的研究。就此而言，政法研究尚不成熟，不同学者的关注点或研究方法差异很大，未能划定独立的研究范围，也未形成独特的研究风格或研究方法。"[55] 可以说，笔者的上述批判性考察及其意见，既在作者的预料之外，又在作者的预料之内。言其预料之外，是因为无论是关注政法体制、揭示政法逻辑还是重拾阶级分析，作者在这三个方向上的努力可能都产生了某些"非意图后果"，而这些"非意图后果"有可能导致作为整体的政法法学研究遭到不必要的误解和质疑；言其预料之内，是因为作者已经预见可能的批评会围绕着政法法学的研究对象、方法等问题展开。作者的"坦言"相当于一份"免责声明"，试图为可能出现的批评提供解释和缓冲。

但即便如此，笔者仍想指出，"就政法研究的前景而言，未来更重要的不是去争论政法研究的框架或方法这样泛泛的问题，而是选取具体的领域展开深入细致富有创见的研究"[56]，这种做法并不可取。研究框架或方法这类问题绝非泛泛的问题，而是需要与具体研究同步展开并相互影响的重要问题。缺乏对于研究框架、方法、思路、对象等问题的自觉和警觉，政法法学不但有可能失去独立存在的空间和价值，从而沦为现有法学流派的附庸[57]，更有可能失去建立一种关于"讲清楚中国治理的故事""说清楚中国政治稳定、经济快速发展、人民生活改善的政治正当性"的基础理论的机会，从而无法为"一种规范性的中国模

---

[55] 邵六益：《政法传统研究——理论、方法与议题》，东方出版社 2022 年版，第 297 页。

[56] 同上，第 299 页。

[57] 比如，由于政法法学具有强烈的政治哲学指向，它有可能会被误认为是法哲学内部的一个新的分支，或者由于政法法学更为关注法律实践中的政治背景和政治逻辑，它也有可能会被误认为是社科法学的升级版本。

式"奠定坚实的基础。[58] 因此，本文的分析和论断并非无的放矢。无论是在政法体制、政法逻辑和阶级分析方面共同用力还是选择其中某个方面集中用力，政法法学都有可能为我们呈现出一幅不同于西方的中国式法治现代化的全新图景，这既是一种殷切的希望，又是一种必要的鞭策。

---

[58] 参见邵六益：《政法传统研究——理论、方法与议题》，东方出版社 2022 年版，第 260 页。

开掘当代中国法律的知识谱系
——《政法传统研究——理论、方法与议题》读后的理论反思

吕康宁*

2004年是政法法学学术史上一个有重要意义的节点。这一年,冯象教授在《政法笔记》中重新激活"政法"概念,并将其确立为重要的学术分析路径,以此对主流法学方法、法治理念提出犀利批评。[1] 同年,强世功教授在《法制与治理——国家转型中的法律》中通过对国家权力实现过程中社会治理技术的省察,明确指出"法律的治理化"是中国法律的新传统,即政法传统。[2] 政法法学的研究议题,通过重构获得新生。

2023年邵六益副教授推出的《政法传统研究》[3],成为重要的政法法学研究专著。为回应社会主义政法体制是否符合法治基本要求的

---

* 吕康宁,西北大学法学院讲师。本文受国家社科基金后期资助项目"法治的形式性要素及其法理意涵研究"(19FFXB066)资助。
[1] 参见冯象:《政法笔记》,江苏人民出版社2004年版。
[2] 参见强世功:《法制与治理——国家转型中的法律》,中国政法大学出版社2003年版。
[3] 邵六益:《政法传统研究——理论、方法与论题》,东方出版社2022年版。

根本性追问，作者提出需要重新理解研究范式，引入新的法治力量，最终从核心理论、方法论与论题示范三个层次深刻展示了政法视角作为思考中国法治学术范式的理论价值。我将邵六益对政法法学研究的理论推进，看作是他对强世功教授曾经提出的"法治秩序的守护神"[4]之理念的延续、苏力教授提出的"面对中国的法学"[5]之告诫的致敬与努力。政法法学的研究范式，在邵六益的拓展下逐渐成形。

在过去的 20 年间，中国法学研究的格局发生了重要变迁，置身其中的法学人的问题意识和知识结构也在不断地重塑，流变当中的当代中国法学教育也逐渐培养出一代法学新人。邵六益接受法学教育、形成问题意识、加入政法法学研究，都是在这一背景下完成的。作为与邵六益同时期成长的青年学人，我在学习和思考中也曾长期遭遇理论与现实之间的冲突和矛盾，所以一直保持对政法法学研究进路的关注。但在研究格局和理论市场中，邵六益与我的角色定位有所不同，可以说是标准的研究者与研究对象、生产者与消费者的角色之别。

然而，我评析邵六益这部填补空白的"标杆性"作品，也正是因为这种时空同一又分化的悖论，使我反而能够从内部、外部两种视角，对作者的问题意识之提炼、理论工具之选择及其背后的社会支撑条件，有理解、共情乃至解读上的先天优势。因而，我选择以自己对法学理论吸收与反思的个案为样本，走进政法法学的研究脉络，从我们共同的现实生活出发，让作者的问题意识与作为现实生活化身的"我"进行对话，让作品中的理论与作为法学理论消费者的"我"进行对话，在这种双重对话中，试图去揭示作品的理论价值，体会作者的研究初心，从而激活研究的启

---

[4] 强世功：《革命与法治》，载《文化纵横》2011 年第 3 期，第 37 页。
[5] 苏力：《面对中国的法学》，载《法制与社会发展》2004 年第 3 期，第 3—12 页。

发效用。

　　以个人经历及反思为切入口的理论评说，无疑只能是一种个别化的经验乃至教训的展示，但如果有助于读者更容易地走进政法法学的语境、理解政法法学的立场，则不失为一种值得尝试的展开路径。据此，我将从一起离婚案件给我带来的知识刺激谈起，勾连政法法学兴起、发展的线索与脉络，在对中国法律的新传统的认知与接纳中，展示《政法传统研究》对于当代政法法学的重大拓展，强调它对未来青年学人的引导意义。

一、感受课堂与实践之间的断裂

　　每年三月，秦岭北麓的大地还没有褪去寒意。对关中人来说，去温暖湿润的陕南水乡观赏乡间漫山遍野的油菜花，感受初春的美丽、舒展和生机，一直都是件愉快的事。我成长在黄土高原渭河北岸的沟壑区，算是关中人。对我来说，十多年前头一回漫步在汉江边的油菜花原野时留下的幽思却至今萦绕心头。

　　一个春意盎然的清晨，当时在西安某大学法学院读大四的我和室友合作，在陕南汉江之滨某派出法庭，用不到一小时的工夫，就帮助我们支援的离婚案件的当事人毫无悬念地击败了被告，即当事人的丈夫。案件审理关键环节的证据运用、对抗、发言等，几乎全部符合我们事前的预计。尽管提心吊胆，但最终结果朝着期待的方向发展。女当事人顺利离婚，获得女儿抚养权，并拿到被自己掌握的全部家庭存款。按理说，学徒初战告捷的喜悦是刺激、兴奋乃至骄傲的，然而庭审结束后，当我走进汉江畔油菜花香浓郁的田野时，却怅然若失，总觉得这件事哪里不对劲，而且差不多一路上都在默念：对方太弱了！

　　案件中的当事人的丈夫为应诉，放弃用方言自我辩护，找辍学后在城里打工的亲侄子做代理人；在庭审中回答法官对夫妻感情有无的询问时，丈夫说"（做人）要实事求是，（感情）没得了"；因为不识字，不知道妻子把家里攒的钱存在了哪家银行，没有主动申请法官调查……这些都让人惊讶！因为这很不符合法学院学生对法律制度运行和公民权利意识的想象。不难发现，丈夫在日常生活中做人做事所遵循的最重要行为伦理之一就是"实事求是"。当他为了保护自己的权益走上法庭申辩时，因为对现代法律运行的程序规则与技术几乎一无所知，所以仍然"实事求是"地回答法官的提问，这的确大大超出了受过法学科班训练的辩护人的预料。

案件中的妻子常年在外打工，丈夫则在秦岭山区的家里务农、抚养孩子，有较严重的家暴史，在平生头一次和法院打交道时"实事求是"，试图在法院"讲理"讨"公道"，在为妻子提供法律援助的法科大学生面前输得毫无无还手之力。显然，他对法律解决问题和诉讼资源使用的理解，以及对法庭上人心的理解，和我们不太一样，他似乎是在另外一个世界。

从开庭前诉讼双方在法庭外的山路上碰面打招呼时起，直至离开，我始终担心男方情绪失控，对女方大打出手。所幸，年轻的科班出身的法官，用规范的程序和标准的普通话，快速娴熟地完成了开庭。

我在想，尽管他要求的抚养费补偿和存款分割都失败了，但可能因为男方是和他的哥哥、姐姐、侄子、儿子、女儿一起来出庭的，所以他努力克制了失望的情绪。

我想象不出男方后来拿到那份判决的情形，但至少他心中的失望是可以预料的。我一直纠结，如果当时不是我们帮助女方起诉，而是让当事人在他们生活的村子由亲戚朋友、村干部等人介入，本着协商解决问题的态度处理矛盾，会不会有更好的结局？或者，如果丈夫不承认感情破裂也不愿意离，法院也不判离，是不是还需要再起诉？在那个年代的农村，儿子已经成年出门打工、女儿读中学的家庭，夫妻之间的感情状况，绝大多数并不是一个非黑即白的问题，在生活当中公开谈论这个问题，往往引发的是回避、尴尬和羞涩。而且更重要的是，即使感情淡漠了乃至出大问题了，仍然选择"凑合着往下过"，甚至"将错就错"的婚姻也比比皆是。本案中的丈夫在没有律师帮助时，也不大能明白他所承认的感情"没得了"在法律上意味着什么，反而据此接受法院对夫妻感情确已破裂的认定，进而爽快同意离婚。另外，对丈夫来说，另一个重要的困惑也许是，难道就因为不能提供有效查询信息，就拿不到本属于他和儿子的那份存在国家某银行里的合法财产？而且那份钱是他当年让妻子去存的。从这个意义上看，该案的判决并不公正。

法庭审理是结束了，但在庭外的现实生活中，却可能埋下了严重的冲突隐患。双方当事人以后很难再这样深度介入现代法律的运作，可就这一回，司法给他们乃至千千万万像他们一样的人，留下了什么印象呢？对其隐秘的内心世界带来了怎样的冲击呢？就在这个案件开庭的前一年，我国的城镇化率平均数字只有35%，这意味着中国还有近三分之二的人像他们一样生活在广大农村，过着一种与他们大体相近的生活。因而，我们不能不追问，这就是我们期待的法治的样子吗？进一步说，法律之于他们的生活，法律行业之于我们学者的生存，进而法治建设之于这个国家的命运，究竟意味着什么？

我一直对本科阶段的法学知识和教学方式提不起兴趣，深感法学缺少智识挑战，因为我认为如果仅仅学习枯燥、教条的知识，毕业后去做一名不明所以然的执法者的话，可能就谈不上对职业的信仰，最开始我单纯地以为答案可能在法理学之中，继而选择考"法理学"研究生，试图从那里获得"说法"。本科期间我的阅读无人指点，不过是看着书名、目录，选择阅读了少量时兴的法学著作，受一些法学家的激情演讲和优美文章的鼓舞，对通过职业化的司法改革建构法律人共同体的城邦，进而推动民主自由法治的实现，深信不疑。

基于这种自我价值的预设，我产生了一种虚幻的行业优越感，但也因此遮蔽了读书的视野，缺少了思考的耐心，从而不能真正理解那些当时已经买回来、但只是摆在书架上的、思考司法实践的重要法律社会学研究作品。比如，指出国家法与本土社会运行脱节，批判忽视促成合作的非正式规范而导致"秋菊的困惑"的研究[6]，以及在法律的治理化理论视野，将基层司法实践与权力网络建构联系起来的"炕上开庭"研究[7]。尽管这些知识我理解起来困难，如今回顾起来也一鳞半爪，但却给当时的我带来了前行的微弱亮光。

"秋菊"的隐喻，启发了我去细致体会所学知识技能对自己熟悉的群体的切实影响。炕头是生活在窑洞里的人们重要的"议事大厅"，因而，"炕上开庭"研究给了我观察与城市不同的村落生活秩序的新视角。这让我想起自己去读大学前在镇派出所转移户口，周围人一致说，我告别"镢头和铁锨"了，以后是城里人，会过上好日子。可如今，我学到知识回到乡村后，为什么就不能按照实际情况"实事求是"地解决问题？是不是法律这个行业，就只能做雇佣金的奴仆，为当事人利益最大化奔走呼号，哪怕时时出现基于直觉的不安，也能因为坚持依法办案的职业道德而心安理得？本科毕业后，我带着这些混杂的知识和懵懂的感觉，开始了法理学研究生阶段的学习。

---

[6] 参见苏力：《法治及其本土资源（第3版）》，北京大学出版社2015年版，第25—40页。

[7] 参见强世功：《法制与治理——国家转型中的法律》，中国政法大学出版社2003年版。

二、重识中国的法律新传统

当年年底，尽管我们的当事人依靠法律和我们的帮助走出了不幸的婚姻，但却意外地在她打工的城市里遭遇车祸，在不惑之年就匆匆离开了这个世界。虽说这是个意外，我却始终不能忘怀。我很不确定我们对当事人离婚官司的介入，之于她的人生究竟是不是好事。我们基于亲戚关系帮助在外打工的她启动、完成了离婚诉讼，这到底运送给当事人什么样的正义？法治又究竟在为谁服务？很多年后我才明白，需解答这个质朴的追问，原来关键就在于法理人要知道的自己的"站位"，这同样也是学者的"任务"。

"干部执法要考虑政策；法官司法须顾及民情；律师出于对客户的义务，只要不违反职业道德，就可以钻法条的漏洞；而学者的任务，则是追究这一切背后掩藏的问题和社会矛盾，并揭示其理论意义。社会批判和理论建构，便是我们法学方法的根基。"[8] 而所谓法理人的"站位"，就是要弄清楚法理分析和法律分析的不同，因为"法理分析一方面确实综合平衡地关注涉案各方的利益，甚至要包括很容易被分析者忽视的，抽象的，也即无法落实到具体人身上的社会利益，要坦诚独自面对分析者的天理良知，但更会尽量追问个案中的各种智识潜能，及其对于法治和法学的意义"[9]。

"开弓没有回头箭"，就本案的诉讼来说，"（法律）制度的逻辑限制了一种人人知道的知识以及其他的可能性"[10]。如果以这些基于经验感觉的问题为线索，去细致考察法律制度的设计与运行关涉到的各方利益及其背后的问题，追究其在法治和法学上的理论意义，就必须超越直觉，走出个案，"从撤退开始"，不但

---

[8] 冯象：《木腿正义（增订版）》，北京大学出版社2007年版，第126页。
[9] 苏力：《是非与曲直——个案中的法理》，北京大学出版社2019年版，第364页。
[10] 苏力：《法治及其本土资源（第3版）》，北京大学出版社2015年版，第29页。

在一个学科专业的知识传统内部，而且在专业世界之外更为广阔的实践维度，对法律制度逻辑及其运行进行深入思考。在写研一的法律社会学课程作业时，我差不多用了两天时间，以这起离婚案件及其引发的思考为中心，用一种大致算是模糊的法律社会学研究方法，很快完成了作业，幸运地得到了授课老师的鼓励。

我归纳的问题是，在中国农村像本案发生地这样的很多地方，传统的纠纷解决方式能够带给当事人的公平正义，而源于城市工商社会的现代法律在应对时，不但没有妥善解决纠纷，反而拉大了既有关系的裂痕。国家法在这里遭遇尴尬，人们失去了对由国家推行的纠纷解决方式的信心。我得出的结论是，法律只提供机会的平等，由于当事人运用法律的能力不一样，因而对判决的影响力就不一样；法律在城乡交织背景下来规制农村民事纠纷时，产出了不公正的结果，加剧了农村社会同质化阶层因为市场经济发展而产生的分化；国家法和社会生活之间出现了断裂，从而使国家在社会中的合法性处于张力之中。这一张力隐含的是国家现代化问题，即自清末以来中国在西方世界的压力下，从传统帝制国家向现代民族国家转型，至今仍走在重建国家与社会关系的路上。[11]

这篇作业在问题意识、分析路径、结构设计和结论提炼等方面，深受当时强世功教授、苏力教授对一起法院下乡依法收贷案研究的启发[12]，并且是在刻意模仿中完成的。

强世功教授的研究让我印象深刻且对我有重要启发的内容有两方面：

一方面，法律社会学研究方法和传统的法学研究方法很不

---

[11] 参见吕康宁：《不匹配的正义——一起农村离婚案件的分析》，载《西南政法大学研究生学报》（现《西南法律评论》），2008年第7期，第20—21页。

[12] 参见强世功：《法制与治理——国家转型中的法律》，中国政法大学出版社2003年版；苏力：《送法下乡——中国基层司法制度研究》，中国政法大学出版社2000年版。

同，即使没有系统学习，也能感受到前者在分析法律实践上的先天优势。强文运用了社会学理论中的关系/事件分析方法，尽管我并不理解，却激发我提出了或者说生造出了我称之为想象/选择的分析路径，作为对庭审实践进行思考的工具。这是因为我从案件中很直观地看到，诉讼双方对法庭想象的不同，导致不同的行动策略及相应效果的差异。所以，"怎么想就怎么做"就自然作为一个我以为恰当的、符合人的认知习惯的解释路径。有了这个分析工具，研究者就能够从参与者行动的策略，来反推其话语的功能，从而跳出传统法学研究通过确立权威的概念、原则来应对、裁剪乃至号令真实世界的分析套路，激活对法律现象的理论分析。

另一方面，看到立法承诺与法律实施效果之间的不尽如人意，强文反思了"文化论范式"和"现代化范式"两种主流理论解释，"将中国当下法治建设所面临的困境概括成合法性危机的'制度断裂'，并力图在国家与社会的理论框架下来理解中国法律史上这一危机的原由及为克服这种危机而进行的合法化重建"[13]。对于强文对合法性重建的论证展开，当时的我还没有能力在经验层面激活对这个命题的认知。我只是感觉到，我所关心的那个"不匹配的正义"的问题，在大方向上关涉的就是国家在社会中的合法性建设问题。换句话说，针对需求，若供给"不匹配"，就必然产生对国家在社会当中所作所为的正当性的质疑。于是，我把强文的这个命题挪进自己的作业，进而明确了文章思考所关联的重大理论问题。

与强文不同，苏力教授更关心为什么要"送法下乡"或"炕上开庭"。从我当时的写作来看，苏力教授选择以中国基层司法

---

[13] 强世功：《法制与治理——国家转型中的法律》，中国政法大学出版社2003年版，第73页。

为研究对象的理由和解说带给了我首要的启发。

苏文指出,"中国的问题仍然主要是农村的问题","现代法律在很大程度上主要适用于城市社会、工商社会、陌生人社会",也就很难在农业社会、熟人社会中有效运作。[14] 对中国老百姓日常生活最重要的案件发生在基层法院,现代法律在这里与原生态的生活相遇,并"无时无刻不在接受生活的检验,接受最普通、最广大的人民以他/她们的行动做出的选择"。这意味着"对中国当代的法治发展最具有理论意义的和最具挑战性的一系列问题却是在基层法院最突出、最显著"[15]。基于此,苏力教授反思了法律究竟为谁服务的问题,批判了法律实务界和理论界可能存在的行业利益倾向,强调法律的最终目的是社会福利,任何法律都要在社会生活面前表明其存在的理由,如果国家法律不了解普通人日常生活的情感和需求,而是从法治的原则概念出发,所产生的法律就不仅是伪劣,而且是假冒的。[16]

对我而言,苏文从"消费/供给"角度切入对研究前提的反思,使我超越了自己成长于农村这个因素对提问的制约,让我发现自己所感觉到的问题,在当代中国法治建设中有更普遍的意义,从而对如此提问、思考树立了信心,特别使我能够站在超越法学专业知识分子行业利益的角度,反思法律理论工作者究竟"为什么人"的问题。这一点,最终成为我此后思考法律问题遵循的根本尺度。除此之外,苏文对中国法律所发生作用的社会具体状况尤其是基层的细致分析,启发我超越个案中当事人之间的是非曲直,在过去与现在、城市与乡村的时空维度上,思考基层司法实践所蕴含的一般性问题——改革开放后市场经济的发展使

---

[14] 参见苏力:《送法下乡——中国基层司法制度研究》,中国政法大学出版社2000年版,第7、8页。

[15] 同上,第10—11页。

[16] 参见同上,第7—8页。

得原本由社会主义生产方式及其价值观所塑造的同质化的农村，在财富、观念上出现了明显的社会分层，当国家法律进入农村解决纠纷时，究竟如何加剧了社会分层产生的社会矛盾？

尽管，我关注的这起离婚案件似乎并不算严格意义上的"送法下乡"，但被告及其亲属却是骑着摩托车走了六十多公里山路，才走进位于城市边上的派出法庭，在现代法律程序中，"依法"参与制造了一个销往农村的司法"产品"。因此，与"依法收贷"案要通过"炕上开庭"方式展开司法权力的运作相比，本案中的国家法律"下乡"，明显以一种更容易、更高效，近乎"空降"且"硬着陆"的方式实现了。我作为案件参与者，尝试揭示了其中可能蕴含的问题，但作为法学研究者，还需要追问国家法律深入乡村实践权力的深刻理由，以及这个理由在今天是否依然牢固。如果是，又该如何对待。

那个时候，对于当时未走出学校大门的法科专业学生的我来说，从来没有对法理学教科书上讲的法律的效力范围与一个国家主权紧密联系的知识点产生任何怀疑，因而对于国家法律深入乡村社会，就觉得再正当不过了，况且我当时也不具备提出这个问题的视野和能力。我只不过是总感觉哪里不对劲，觉得以法律方式深入农村社会的国家权力有点不合理。但自己对这些疑惑的处理，则始终停留在感觉层面。

大约就是在这个意义上，苏力教授强调"送法下乡"是真正的独具中国特色的现象，说他关心的问题是为什么要"送法下乡"，国家权力为什么要向社会深入的问题。这个敏锐的提问启发我——存在的不一定合理，但一定有原因。后来看，这最终促使我在对中国法律的观察、理解和反思中，看见了国家、接纳了国家，也慢慢认识了国家。也由此，我从对法律如何实践的局部观察，转向对法律何以实践的整体考察；从对司法分配利害的纠结，转向对国家权力实现中的法制命运的思考……也就是在这里，我对那起离婚案件的司法实践的追问与思考，基本结束了。自此以后，尽管我保持着对这个学术传统的基本阅读习惯，但因为种种原因，我没有再写出过这个领域的文章。

随着 2022 年强世功教授"如何提问"长篇论文[17]的发表，这一状况发生了重要变化。我在反复阅读其回顾与反思自己研究中"如何提问"的细致文字后，才有机会、有能力去回顾自己由那个微不足道的模仿式写作所开启的思考，并且与强教授参与、推动、概括的法律社会学研究的"北大学派"的理论传统、强教授同期撰写的关于我国批判法律理论的场域与谱系的论文[18]联系起来，尝试整合自己基于零碎阅读、感触所形成的问题意识和知识线索，进而去判断它们能否经得住传统理论的检验，以及理论对这些问题的处理已经到了什么样的知识高度。

于是，我重新走进苏力教授对司法为什么"下乡"、国家权力为什么要深入的社会问题的研究。苏力的解说是："由于种种自然的、人文的和历史的原因，中国现代的国家权力对至少是某些农村相关乡土社会的控制仍然相当松弱；'送法下乡'是国家权力试图在其有效权力的边缘地带以司法方式建立或强化自己的权威，使国家权力意求的秩序得以贯彻落实的一种努力。"[19] 之所以不能以"形式理性"的正式法律和程序来贯彻国家意愿，与

---

[17] 参见汪晖、王中忱主编：《区域（第 9 辑）》，社会科学文献出版社 2021 年版，第 29—78 页。作者指出，在中国社会转型和中国崛起的历史大背景下，回顾和反思学术研究所凭借的理论工具，追问"如何提问"，对于中国社会科学的发展无疑具有重要的理论意义。该文以作者从事的法律社会学研究为例，详细地回顾了如何模仿、学习西方理论来研究中国问题，如何基于社会科学规范化和本土化讨论来不断反思自己采用的理论框架，并超越这些理论框架。

[18] 参见强世功：《批判法律理论的谱系 以〈秋菊打官司〉引发的法学思考为例》，载《中外法学》2019 年第 2 期，第 307—333 页；强世功：《批判法律理论的场域——从〈秋菊打官司〉看批判法律理论的转向》，载《学术月刊》2019 年第 10 期，第 92—109 页。

[19] 苏力：《送法下乡——中国基层司法制度研究》，中国政法大学出版社 2000 年版，第 30 页。

政法法学的新视野

中国社会的特点、权力自身运作的特点有关。中国是一个各地政治经济文化发展不平衡的大国，正是由于重视农村、深入农村，保证了党在通过革命武装斗争建立全国政权的过程中具备了强有力的社会基础以及对革命的领导能力；改革开放发展市场经济，国家权力在农村的影响在一定程度上弱化，由于国家权力以"法治"方式进入社会，所以司法在当代中国，除了解决纠纷的功能之外，还是建立现代民族国家的一个组成部分；因而司法"下乡"成为一种权力运作的战略。从"农村包围城市"到法律、文化、科技、医疗的下乡，其意义一脉相承。因此，"是一整套现代的政治实践和政治制度框架"，而不是时间，赋予了中国当代法律自身以现代性，也决定了"当代中国法律的知识和技术谱系"。基于此，苏力教授坦陈，"只要你不是过分为西方的现代法治学术话语支配并切割你对现实之观察，而是坚持维特根斯坦的'不要想，只是看'"，就可以看到"什么是中国的法律"，"看到西方经典法律话语无法涵盖概括的法律运作"。[20]

如果说我偶然参与的这起离婚案件的司法实践，让我从课本编织的、停留在想象中的法治话语云端，跌落到自己生活的这片土地上的话，那么，直到这时我才看到"中国的法律"的可能，这些理论给我打开了一扇思考"中国的法律"的窗。我由此得以理解，我们身处其中的法律是如此鲜活与精妙，与国家的整体意志及其实践展开有紧密的联系；原来中国当代法律的实践，也是如此具有现代的意味和理论的可能性。理解"中国的法律"，关键是去把握这种由党领导的现代政治实践和政治制度框架所赋予的法律的现代性。

也许在每个研究者的长期阅读和艰苦思考中，都曾有那么几

---

[20] 苏力：《送法下乡——中国基层司法制度研究》，中国政法大学出版社2000年版，第58、59页。

个重要的时刻，作者的一句话或者一段话，犹如一束光、一道闪电，刹那间照亮了研究者的心灵深处，全面激活了他在某个领域的一系列知识储备和对问题的思考。苏力教授从追问为什么"送法下乡"开始，到最终把司法实践同中国如何建设现代民族国家联系起来，成功建构起两者在政治逻辑和知识谱系层面的双重联系，并把这种关联性上升为中国法律的现代性问题。理解了这一点，我自信地认为我明白了苏力教授《法治及其本土资源》一书中引用的诗人袁可嘉那句著名的诗："书名人名如残叶掠空而去，见了你才恍然于根本的根本"[21]，也大约理解了他的文章为什么叫"面对中国的法学"[22] "变法、法治及本土资源"[23]。

如今，当我在键盘上敲下这些文字时，我的耳边总是回响起一个难忘的追问，这个追问把我拉回到 2010 年夏天在北京大学举办的第四届"通识教育讲习班"的课堂。当时强世功教授的授课围绕学者安东尼·吉登斯（Anthony Giddens）的新书《气候变化的政治》展开，在课程结束时，他认真地给学员布置下这样一道课后思考题：谁是中国法治的保护神？这是一个让大家有些错愕的提问。也许大部分同学和我一样，从来没这么想过这个问题，更不觉得这是个问题。如果有谁说法治有个"保护神"，那也不过是全体公民"为权利而斗争"，最终建立起来的那个"法律人的共同体"。然而，如果答案真是这个人所共知的说法，那《法律共同体宣言》的作者，在以博士生、高校教师为主体的通识教育课堂，还有必要认真地提这个问题吗？这让我陷入迷惑，以至于课后跑去向强世功教授追问这个问题的答案。

如果说我之前的写作是对强世功教授文章的模仿，仅仅是对社会学的研究视角和论文结论的生搬硬套，那么，经过了"如何

---

[21] 苏力：《法治及其本土资源（修订版）》，中国政法大学出版社 2004 年版，扉页。
[22] 苏力：《道路通向城市——转型中国的法治》，法律出版社 2004 年版，第 289 页。
[23] 苏力：《法治及其本土资源（第 3 版）》，北京大学出版社 2015 年版，第 3 页。

提问"长文对我的引导,我才明白:如果说苏力教授追问的是国家为什么要将法律作为国家权力的组成部分予以实现,那么强世功教授则是在追问,法律作为权力机制进而作为国家权力的组成部分,是如何在微观权力关系网络中作为一种技术被实践的。简单说,一个是向上的宏观考察,一个是向下的微观解剖。

对此,强世功教授坦言自己模仿杜赞奇(Prasenjit Duara)的"权力的文化网络"概念提出的"权力的组织网络"概念,就是试图展现国家法律是如何借助这一新兴的网络组织,渗透进乡村并实现对乡村的改造实践。他发现:"权力的组织网络"是"共产党发明的一种全新的组织和动员技术,它是一套权力技术的组合,民间调解正是由于处于这个技术组合中,才具有了特别的意义,也正是在这种技术组合中,共产党的法律开始逐步形成了自己的新传统。"[24] 基于此,我们才可以理解强世功教授把杜赞奇提出的问题引入法律领域,通过考察法律在具体权力网络中如何被实践,回答"中国的现代国家建构进程中,法律发生了怎样的变化并扮演了怎样的角色"[25]。

强世功教授发现,就作为一种实现权力的机制或者技术来说,包括司法调解在内的国家法律成为党可资利用的社会治理技术,被吸纳进新的国家权力机器中。"法律的目的既不是通过审判来实现社会正义,也不仅是通过调解来平息纠纷,而是在解决问题的过程中贯彻党的路线、方针和政策,实现共产党改造社会、治理社会的目的。""法律必须服从政治的要求,政治也要借助法律的技术,这种政治与法律之间的有机结合产生了一个独特的法律概念'政法',当然这不仅是一个概念,而且是一套学说,

---

[24] 强世功:《法制与治理——国家转型中的法律》,中国政法大学出版社2003年版,第109—110页。

[25] 汪晖、王中忱主编:《区域(第9辑)》,社会科学文献出版社2021年版,第37页。

而且是一套组织机构，一套权力技术，一套成熟的法律实践。由此，法律的治理化就构成了中国法律的新传统，即政法传统。"[26]

"法律的治理化"这个概念，强调的是"法律乃至法治在中国并非像西方政治哲学理论所主张的那样，服务于自然法这样的哲学理念，而是作为国家治理社会的工具和手段，服务于国家治理的政治目标"[27]。之所以说构成了"新"传统，"就在于这种法律传统既不是中国古代的法律传统的简单继承，也不是对苏联的马克思主义法律传统的简单模仿……也不是对西方的法律传统的简单抛弃，而是在法律治理化的原则下，对中国传统的、苏联的乃至西方的法律传统进行全面的改造和重新组合，对各种不同的法律技术（包括中国古代调解技术、苏联的组织技术和西方的程序化技术等等）的重新组装，由此构成国家的治理机器"[28]。

在最近的研究中，强世功教授在文明秩序重建的视角进一步拓展了对这种法律传统的认识。他指出："在地理大发现以来西方文明对东方文明构成挑战的背景下，晚清的法律改革……到改革开放后重建法治，法律的命运都始终服务于国家治理这个大目标。因此，'法律的治理化'这个概念构成我们开展法律社会学研究的基本问题意识。正是基于对中国现实社会的关注，我们对中国法治建设的路径和目标的理解从一开始就与主流的自由主义法治叙事出现了分歧和背离。这也使我们意识到中国法治建设的历史经验与我们在理论著作中所学到的西方法治理念之间的巨大断裂，以致我们在研究中国法治问题甚至研究其他中国问题时，

---

[26] 强世功：《法制与治理——国家转型中的法律》，中国政法大学出版社2003年版，第83、123—124页。
[27] 汪晖、王中忱主编：《区域（第9辑）》，社会科学文献出版社2021年版，第40页。
[28] 强世功：《法制与治理——国家转型中的法律》，中国政法大学出版社2003年版，第124页。

始终面临着'话语表达'与'社会实践'之间的断裂。而如何弥合这种断裂，推动理论与现实之间形成对话从而重建理论与实践之间的内在关联，无疑成为开展学术研究的任务。"[29]

也就是到了这个时候，如果说我在之前的写作中生搬过来的中国法治建设的"制度断裂"困境，是基于办案问题意识的直觉选择的话，那么，在看到了真实世界的新中国法律传统与自由主义法治法理叙事的实质性差异后，我才可以说理解了这种"制度断裂"困境背后的深层逻辑。我知道，只要超越了个案利益，在当时的环境下，任何一位法学院的毕业生以"闯入者"的身份介入这一片广阔的司法运作的天地，都必然受到国家法律"表达"与"实践"断裂带来的心理震动。这让我想起大约十年前，我颇有兴致地问我的一位研究生的本科同学（他毕业后在苏州某法院工作）工作之后最大的感受是什么，他不假思索、颇为感慨地说道："完全不是书上讲的那么回事。"回想起来，在他发出这个深深的感触之后，会面的气氛瞬间静默了。显然他觉得三言两语根本说不清，上班的辛劳让他也没兴趣说。而我，因为未来打算从事法学教学与研究而深受刺激。

如今距离我们代理那个离婚案件已经过去了整整 16 年，回想起来那时基于助人为乐的冲动，我们从书本、课堂，扎猛子一样走进社会、法庭，而司法实践也确实给我们上了生动的一堂课。尽管学习到的知识顺利派上了用场，案子大获全胜，但我总感觉哪里不对劲……后来，正是在这些感觉的牵引下，我才长期坚持阅读相关法学理论，才慢慢理解了法治进入中国后发生的变化，以及中国在重建现代民族国家的过程中形成的独特法律传统。然而与此同时，我头脑中还储存着法学本科教育所着力塑造的职业

---

[29] 汪晖、王中忱主编：《区域（第9辑）》，社会科学文献出版社2021年版，第40—41页。

理念，也许可以概括为"我们的法制建设也被看作是法律摆脱政治意识形态的努力，而且追求形式理性的逻辑自洽，也是法律共同体努力的方向和目标"[30]。也因此，在后来的读书思考中，我心里一直放不下广阔天地中国人的法律实践，但浸染于自由主义法治叙事主导的法律理论生产与宣教的时代氛围中，这种反差总是让我想到几句这几年流行的陕北民歌："你在山的那一边，我在这圪梁梁上站；叫一声妹子你么（没有）听见，哥哥心里胡盘算。"[31]

三、创造表达中国法治的学术范式

基于"法律的治理化"的中国法律新传统，其内涵是法治作为国家治理社会的工具和手段，服务于国家治理的政治目标，同时它也是建立现代民族国家在权力运作的过程中使用的一种基本战略。继提出"中国法律的新传统"这个命题之后，强世功教授持续将此命题与相应的法学理论联系起来，由此展开对现代中国法学品格的深入反思、批判。

在《如何思考政法》的研究中，强世功教授指出，因为马克思主义与新中国的国家建构存在内在联系，因而新中国法律实践所形成的理论最终体现在马克思主义法理学中。马克思主义法学理论是一种服务于现代主权国家建构的理论，因而"与党领导国家的政治制度和政法体系相适应"，"马克思主义法学在中国也就形成了独特的政法理论，即关于'国家和法的理论'"。由此可见，"政法理论是西方法学理论进入中国之后，与中国的国家建构和法制建构实践相结合"，统合了自然法学、社会法学和实证主义法学的相关要素后，形成的具有综合性和贯通性的一套扎根于中国大地的现代法学理论。[32]

---

[30] 强世功：《法律的现代性剧场——哈特与富勒论战》，法律出版社2006年版，第90—91页。

[31] 陕北民歌《山那边》。

[32] 参见强世功：《如何思考政法》，载《开放时代》2023年第1期，第74页。

强世功教授始终把"法律的治理化"概念作为其展开法律社会学研究的基本问题意识，在关注中国现实社会的过程中，强世功教授将包括自己在内的诸多发起并持续推动第二波法律社会学研究运动[33]的北大法学人，称为法律社会学的"北大学派"，并对其研究开展了系统的总结、提炼，将其上升为当代中国法学的批判法律理论。而所谓的"批判法律理论"，指的是"法学理论中一股强劲的对法律现代化理论和权利法治论以及由此推动的大规模法律移植实践展开的法理学批判"[34]。

正是学习了强世功教授对批判法律理论在中国的内在谱系的梳理和变迁背后"场域"影响的剖析，我感觉到自己在解答离婚案件司法实践带来的内心疑惑时形成的问题意识和理论积累，似乎被一股强大的引力吸纳进一个严肃、深入和厚重的学术思考传统中，那些通过零碎阅读获取的一知半解的知识，犹如雪花遭遇艳阳，悄无声息地融化了，在恣意地流淌中汇成了知识的涓涓细流。

在第二波中国法律社会学研究升级为批判法律理论后形成的内在谱系里，可以看到苏力教授从对国家法律为何"下乡"的追问到对"秋菊的困惑"的敏感，始终秉持法律多元主义理论和功能主义法治观，并对主流的西方普世主义权利法治观展开批判，从而希望建构一种吸纳中国本土资源的法治。这种隐含在法律现

---

[33] 强世功教授从研究方法角度对中国法律社会学传统作了三个阶段的划分。其中，第一波是从20世纪80年代中国法治重建开始，法律社会学作为一种丰富、发展马克思主义法学的研究方法和研究路向在中国发展起来。第二波是在20世纪90年代后，随着部门法开始走向专业化道路，法律社会学不再是法学各部门共同分享的方法，而是变成了法理学科中的一个专业。研究集中在法理学专业内部，注重反思中国法治现代化的进程。第三波是在对现代性法律的批判中，一部分人运用法律社会学工具批判政法传统，希望在中国建立西方式现代法治，另一部分人则对西方法治本身展开批判，希望建立中国自己的法治传统。参见强世功：《中国法律社会学的困境与出路》，载《文化纵横》2013年第5期，第115—118页。

[34] 强世功：《批判法律理论的谱系——以〈秋菊打官司〉引发的法学思考为例》，载《中外法学》2019年第2期，第308页。

代化理论中的普适主义的权利法治观，指的是"一种无语境的、客观普遍的权利，并可以毫无疑问地据此建立一个普适的法律制度来保护这种权利"[35]。而且苏力教授眼中的法治是一种实践的事业，不是冥想的活动，是一种有关实践的经验问题，只存在合适不合适，不存在对与错，说到底是一种已经深深镶嵌在国家治理之中的现代治理术。因而"他主张一种基于中国人生活经验的、不断试错总结经验的、充分吸收中国本土生活经验和概念分类体系的法治"[36]。在这个意义上，我理解了为什么强世功教授说每个中国人心中都有一个自己的"秋菊"，理解了为什么凌斌教授特别看重那个不相信律师、在书架前认真抄写法条的老奶奶的故事[37]，理解了我自己为什么心中总是浮现"实事求是"地在法庭上争取利益的秦岭老农，以及为什么苏力教授能从"秋菊"困惑的眼神捕捉到丰富的理论意涵。

如果年轻的学生在本科学习时期，初次阅读到苏力教授的"本土资源""送法下乡"，可能会从法律现代化理论蕴含的普世权利法治观的迷梦中苏醒，从而有机会睁开眼去看生养自己的土地上的法律及其道义逻辑的话，那么，冯象教授那些流行的精悍文章，可以说是基于马克思主义与政法传统发起的一场对"法治"的批判，这犹如给法学人一记当头棒喝，使其可能从庐山之外透视庐山的真面目。自从苏力教授首次将中国法学重建后的发展变迁在三种类型上完成划分，他就认为传统的政法法学将会不断衰落，然而现实是政法法学出乎意料地浴火重生。在这个观察中，他分析了这种法学变迁背后的意识形态格局及其对理论研究的启发。由此，苏力教授开掘出了中国人重建现代民族国家与法

---

[35] 苏力：《法治及其本土资源（第3版）》，北京大学出版社2015年版，第27页。
[36] 强世功：《批判法律理论的谱系——以〈秋菊打官司〉引发的法学思考为例》，载《中外法学》2019年第2期，第315页。
[37] 参见凌斌：《法治的中国道路》，北京大学出版社2013年版，第1页。

治建设之间的历史联系，看到了新中国法律蕴含的独特现代性，试图去建构一种基于中国人生活经验的中国法治，而冯象教授则看到了这里面对"中国法治"的乌托邦幻想。

在《政法笔记》中，冯象教授把法学界回避的"政法"概念打造成了重要的学术分析路径。他批判"在中国现实生活中不断生根的现代法治"，指出这种法治"偶然地从西方的历史中兴起"，背后是全球资本主义的兴起。而伴随改革开放、加入世界贸易组织后不断成长的中国法治，"不过是中国进入资本主义全球化体系的一种特殊历史方式"，因而这一批判就是在把中国人从对西方资本主义法治的"迷信"中解放出来。[38] 与苏力教授将国家法律的"下乡"看作是现代民族国家建构的权力实践，强调法律传统与政治实践历史联系的不同，冯象教授明确强调把中国特色社会主义政法传统中展开的人人平等的政治实践，作为参考的"镜子"，来批判中国现实中正在与资本主义法治接轨的"新法治"。[39] 为此，他批判说，今天的法学方法是"法条主义的循环论证"[40]，现代法治"本质上是一种用权利话语重写历史、以程序技术掩饰实质矛盾的社会控制策略"[41]，"法学的重新出发，一个简单做法，便是直面现实"[42]。据此，他不断通过激活政法传统中的有益要素批判现代中国法治实践及其理论的文字，终究解放了一部分中国法学人的头脑，使他们在法治建设的新时代不但没有遗忘政法传统，还必须思考如何认真对待中国特

---

[38] 参见强世功：《批判法律理论的谱系——以〈秋菊打官司〉引发的法学思考为例》，载《中外法学》2019年第2期，第321页。

[39] 参见冯象：《信与忘——约伯福音及其他》，生活·读书·新知三联书店2012年版，第191—203页。

[40] 冯象：《我是阿尔法——论法和人工智能》，中国政法大学出版社2018年版，第99页。

[41] 冯象：《政法笔记（增订版）》，北京大学出版社2012年版，第140页。

[42] 冯象：《我是阿尔法——论法和人工智能》，中国政法大学出版社2018年版，第108页。

色社会主义政法传统。

实际上，强世功教授不仅对批判法律理论的内在谱系进行了考察，而且还试图检讨这一理论在中国的变迁，强调要理解这一思潮从批判走向综合，就必须关注其背后影响"场域"的变化，也就是必须将这一法学思考放在更大的政治场域和学术场域中来理解。[43] 就探索当代中国法治建设的道路来说，在学术场域，他强调关注过去四十年中国法学界的思想演变；在政治场域，"不仅要关注党的体制改革和执政理念转型，而且要关注中国崛起引发的国际体系的变化"。这一理论的变迁，反映的就是两大场域的互动和演变。这也许启发了强世功教授最终坚定地从文明秩序建构的整体视角，来重新思考中国的现代法治建设，强调中国法理学思考必须返回原点，"在最一般意义上将'法'理解为一种秩序建构的必然性力量……立足古典中华法系的礼法传统，总结当代中国法治实践中党规与国法二者互动的经验，构思面向未来的新中华法系"。[44] 然而，就政法法学作为一种现代法学理论的重新激活而言，强世功教授《如何思考政法》的研究[45]，则是在一般层面提供了一份论纲式解说。

理解这种对政法法学的深层逻辑的解说，"革命"是一个颇为重要的线索。对于近代以来的中国人来说，最重要的就是艰难探索、建构现代文明秩序时的一次次政治的、经济的乃至文化的革命。作为权力技术的法律，以及通过法律移植推动的法律革命，始终都是整个文明秩序建构与转型中的内在环节。由此，法律始终是政治活动的结晶。在最广泛的意义上，法学一开始就是

---

[43] 参见强世功：《批判法律理论的谱系——以〈秋菊打官司〉引发的法学思考为例》，载《中外法学》2019年第2期，第332页。
[44] 同上，第93、109页。
[45] 参见强世功：《如何思考政法》，载《开放时代》2023年第1期，第73—77页。

政法法学，需要从政治视角来理解法律。[46] 基于此，强世功教授提出从"承认政治"到"革命政治"的理论框架来分析政法的根基问题。正是"革命政治"，"将人民大众凝聚为真正的政治主体"，推翻通过法律支配建立的阶级压迫制度，实现人民当家作主的社会主义制度，最终"肯定了中国人的政治主体性"。"人民为自己立法的自由精神恰恰是'革命政治'的核心"，也由此开辟出"'人民立法'与'人民司法'的独特法律道路"，在实践中创造出"不同于西方的法治模式"。[47] 正是基于法律革命的背景下对法律与革命基本矛盾的把握，我们才得以在政法理论的视野下，将改革开放前后三十年的不同历史阶段纳入革命（改革）与法治内在辩证运动中予以重新理解。

改革开放致力于推动全球化的市场经济体系，这场政治革命也是重大的法律革命，大规模的法律移植运动随风而起，"'承认政治'在相当程度复归……三大主流法学理论有方法论上的分歧，但在'去政治化'这一点上形成了默契"，认为在法学理论研究中不应处理政治问题。也由此，在这种"去政治化"的意识形态下形成一种新的理论，也就是一套关于"法政"的学说，认为"法"是一种普世的规则，而"政"就是"中国人民的政治生活和政治实现必须将其置于与西方接轨的'法'的约束下"。这意味着用与西方市场经济接轨的"法"潜移默化地瓦解国家建构的政治基础。也就是在这个意义上，曾经扎根本土的马克思主义政法法学逐渐边缘化。[48] 对此，政法法学展开了艰苦的理论革新，提出了新的问题，形成了新的政法理论命题，如"立法者的法理学""批判法律理论""政治宪法学"等。与传统政法理

---

[46] 参见强世功：《如何思考政法》，载《开放时代》2023年第1期，第73—74页。
[47] 同上，第75、76页。
[48] 同上，第76页。

论总是根据经典作家的构想来推动国家建设的路径不同，新政法理论则是在致力于将政法法学从意识形态教条中解放出来，构思新文明秩序中的新政法秩序。基于此，新政法法学通过边缘地带的学术革命，逐渐成为法学理论思考的中坚力量，实现了自身学术的重生。

《政法传统研究》一书的作者邵六益，曾求学于北大法学院，置身于法律社会学"北大学派"的传统当中，从他的著作看，他分享了新政法法学的理论框架和研究路径，掌握了这一学术范式的思想精髓，通过艰苦地思考和勇敢地表达，在诸多基本方面对政法法学做出了开拓性的理论推进，为法学界贡献出了一部政法法学的代表性作品，构成了政法法学开启学术革命、实现学术重生的关键一环。

邵六益与其他同时代的中国法学人没有什么不同，他在学习和研究中也同样长期承受理论与现实之间的张力抑或"制度断裂"困境的"折磨"，他就此提出一个根本性的追问，即一个法学研究者始终无法回避的根本问题：中国特色社会主义政法体制是否符合法治的基本要求？这是"涉及中国法治的理论自信的命题"[49]。实际上，这也是苏力教授、强世功教授等学者当年基于"依法收贷"案追问国家法律"下乡"抑或重建国家权力深入社会合法性问题的自然延续。正如邵六益所言，社会主义是落后的中国在20世纪追求民族解放、国家富强的必然选择，政法体制则是社会主义道路在法律方面的制度概括。在这个意义上，法学人对于政法体制的理论自信问题，根本上涉及的是对中国特色社会主义道路自信的重大问题。因而，考虑到近年来政法工作的政治"场域"发生的重大变化，在面对以自由主义为底色的专业化法治不能兑现其承诺的问题时，作者强调："要重新理解研究范

---

[49] 邵六益：《政法传统研究——理论、方法与论题》，东方出版社2022年版，第1页。

式，引入新的法治力量。政法研究的重新崛起，从某种意义上来说是时代给学术界提出的命题"。[50]

正是基于学术研究的使命意识、责任意识，邵六益下决心在政法法学的核心理论、方法论和论题示范三个层面，完成一部不仅填补空白而且时下也极为需要的标杆性作品，让更多的学者首先能接近政法法学、把握政法法学，再实现推动他们加入政法研究的初衷。这种通过艰苦思考寻求理论突破来迎接时代学术挑战的志向，最终体现为作者毅然选择以学术的方式，来丰富中国人对法律与政治关系紧密的习惯性判断，以一个个具体的、有贡献的研究来兑现许诺，以此吸引更多的学人加入研究的共同体。也正是在这个意义上，邵六益明确将"政法"看作是理解中国特色社会主义法治模式的基本框架，以将近38万字的厚重写作，力图将政法视角打造成为思考中国法治的一个普遍的学术范式。

通读全书可以看到，作者从三个层面对预设的研究任务予以展开。一是在价值层面，着重挖掘政法话语背后的制度逻辑，认为正是制度逻辑赋予话语以生命力。对此，该书的上篇，集中揭示了政法传统的历史生成及其制度构成问题。作者在"革命政治"的框架下，从政治、历史角度解释了政法体制形成的时间维度及其理论意涵，特别是回答了党何以领导政法体制，以及社会主义作为政法体制特质对实质平等价值的追求。二是在方法层面，重点论证政法法学是一种有独特价值的研究范式。该篇强调政法法学重提意识形态的研究方法，目的是把党和国家关系作为研究中心，在研究中找回和安顿"政党"的理论位置，以此呼应公法研究的核心命题，弥补其他法学流派解释力的不足。三是在应用层面，集中自己的研究，以身示范政法法学作为一种法学研

---

[50] 邵六益：《政法传统研究——理论、方法与论题》，东方出版社2022年版，第297页。

究路径，能够为分析具体法治问题提供新的视角和理论支援，从而进一步拓展政法研究的研究领域。

从差不多十年前开始，邵六益就已经进入这一研究领域，开始在政法法学的视角下对相关法律问题展开细致研究，书中多个部分的精彩内容，其实都曾先后发表在重要的学术期刊上。他这些研究成果，能够经受住学术界的严肃批判和遴选、出版界的严格审查和淘汰，可见他在研究的最前沿，实实在在地做出了被学术同行高度认可的理论贡献。特别值得一提的是，在本书的中篇，他把政法法学作为一种研究流派和方法，与其他主要法学流派就共同关注的问题放在一起"打擂台"，通过学术竞争来争夺针对重大问题、热点问题的理论指导权，最终充分展示了政法法学作为新的研究视角和理论范式，能对我们的法学研究提供不可替代的研究价值。

邵六益以他的胆识和勤勉，系统地将政法话语还原为法律理论的学术性表达，并且为这个研究路径开掘出了属于自身的理论意涵、研究方法论。尤其他是通过自己的实战冲锋为这一学术流派开疆拓土，进而为当代法学人走近政法法学蹚出了一条路，也提供了好的示范。正如他所坦陈的，"既然大家都说法律与政治紧密相关"，那么在研究中，他就接受不了那种人为的学术中立导致的虚伪或失真，或者是"在研究中简单地重复相关政治判断"导致对政法法学学术声誉的损害。好的学术研究，"都带有一定的价值立场"。[51] 实际上，邵六益在学术研究当中的这股子执拗劲，这种"逢山开路遇水搭桥"的奋斗精神、挑战气魄，就是一种不信邪的革命传统。

正是因为有这种直面现实、艰苦奋斗、实事求是的精神气魄，新中国的革命与建设才得以不断取得重大成功。因而，这种

---

[51] 邵六益：《政法传统研究——理论、方法与论题》，东方出版社2022年版，第25页。

精神气魄也应当成为新时期中国法治建设逐步摆脱"制度断裂"困境、进一步彰显中国人的政治主体性和政法体制道义逻辑的重要力量。这也意味着，在今天的法治建设、法学研究和法学教育的复合进程中，那些对中国特色社会主义法治、政法体制和政法理论仍然彷徨、怀疑和不自信的人们，应该最起码先用自己的眼睛，去真实的世界看一看中国大地上的法律，坚定地跟着自己的感觉往前走，在现实中体会中国法律的新传统，这样才可能避免在解决法律问题、研究法律现象和发展法律理论时遭遇"西方中心主义"法治理论的"敲诈"，从而最终避免深深陷入自我"失败主义"的泥潭而难以自拔。

"政法法学"研究范式的转型与突破

张文波[*]

改革开放以来,中国法律制度在不断走向文明、理性、专业的过程中,一方面愈发与世界主流法治文明接轨,另一方面我们又隐约地感觉到某种区别于西方法律传统的实质性差异。邵六益副教授的著作《政法传统研究》,则将区别于西方法律世界的那些"异质因素",提炼为以"政法"为母题的一系列原创性概念,为我们揭示了新中国过去七十多年来政法实践中独特的治理经验、治理理念、治理路径。

一、"政法法学研究"的对手

"政法"这一概念的提出,超越了以往将司法机关视为"技术官僚"和"工具理性"代表的狭窄视野和简单判断,而是从更为广阔的时代背景出发,将司法权的政治属性、司法机关的政治功能、司法人员的政治角色、办理案

---

[*] 张文波,天津市第一中级人民法院刑事审判第二庭副庭长,四级高级法官,法学博士。本文系国家社科基金青年项目"法律方法在类案检索中的运用及其改进研究"(22CFX049)的阶段性成果。

件的政治效果等元素镶嵌进政法叙事之中。但是，对于"政法传统""政法体制""政法法学"的研究，在学术界仍然有相当多的质疑。这种质疑不仅在追问"政法法学研究"的学术价值，也暗含了对研究者"学术立场"乃至"学术品质"的臧否。

部分法学研究者往往预先设定中国司法的运作状况在整体上仍然处于一种"低层次""低水平"，认为只有像西方发达国家那样做到司法"价值无涉"或者"超越政治"的法治路径才是"唯一正确的选择"。上述观念使得关于中国法律制度运作模式、功能、逻辑的正常讨论变得十分困难。因为无论从新中国成立七十年来的法制道路中提炼出任何概念、规律、特征，在"西方法治文明优越论"的主导下都变得没有意义，讨论者本人面对强势的西方话语也会多少显得有些底气不足。最为直接的例证就是部分回顾中国七十余年法治历程的著述，要么小心翼翼地回避新中国前三十年的叙事，要么为了衬托今天的"正确"与"进步"而简单将新中国初期的法治实践作为批评的"靶子"。这并不是一种实事求是的治学态度。

不得不承认的是，西方法治理论对中国法学界的影响是深远的，甚至可以说直接建构了人们对法治社会理想图景的基本想象，以至于部分法学研究者对当代中国司法实践也产生了种种误会：凡是司法治理成功、有效之时，都是追随、效仿西方法治理论和司法制度的结果；凡是移植来的西方司法制度出现"南橘北枳"的现象，必然是在执行中出现了偏差；凡是司法治理受挫、失灵之处，都是本土法律资源掣肘和司法理念陈旧落后所致，或者干脆认为只要异于西方就是"前现代"甚至"野蛮保守"，就没有存在的资格，并应当予以否定和扬弃。特别在那些以西方法治国家为蓝本的学者看来，只要中国司法模式不完全符合他们心中的"法治理想图景"，便放弃了对中国法治实践的关注和参与。

很显然,这种"幸存者偏差"式的视角和在抽离了具体国情与社会复杂性的前提下所做的大而无当的解释并不能令人满意和信服,而且在事实上也站不住脚,其思维模式本质上是一种在求知和理论探索上的懒惰。

新中国的司法制度以人民主权学说来建构其理论基础,即法官的裁判权是宪法和人民授予的,因而人民法院有义务服从和服务于人民对司法治理的需求。此外,亦有观点质疑人民法院追求"社会效果"是否正当[2],实际上即便是西方法治国家法官的裁判过程也经常受到实用主义法学传统的影响,更何况在中国舍弃"政治和法律效果"而专注于所谓的"形式法治"无疑脱离了现实国情,只有"在法律之内寻求社会效果"[3],并"经由形式正义的实质法治"[4],将政治任务转移到"围绕着市场经济建设……积极介入到国家的社会经济事务乃至于政治事务中"[5],才是一条适合当代中国司法治理模式的科学路径。以上讨论表明,研究中国司法问题应当避免不加分辨地以西方学术标准、西方司法模式为理想图景来"观察、切割或者压缩、简化当下中国的司法问题",以避免"落入'西方中心主义'的窠臼或者呈现出西方现代性的大叙事所营造的文化他者的理论形象"[6]或者单纯"从西方理论资源中为本土创新性实践寻求正当性依

---

[2] 参见汪建成、孙远:《论司法的权威与权威的司法》,载《法学评论》2001年第4期,第104—116页;陈金钊:《被社会效果所异化的法律效果及其克服——对两个效果统一论的反思》,载《东方法学》2012年第6期,第44—61页。

[3] 参见江必新:《在法律之内寻求社会效果》,载《中国法学》2009年第3期,第5—14页。

[4] 参见江必新:《严格依法办事——经由形式正义的实质法治观》,载《法学研究》2013年第6期,第30—43页。

[5] 时飞:《最高人民法院政治任务的变化——以1950—2007年最高人民法院工作报告为中心》,载《开放时代》2008年第1期,第123页。

[6] 方乐:《从"问题中国"到"理解中国"——当下中国司法理论研究立场的转换》,载《法律科学》2012年第5期,第13、17页。

据"[7]。如果我们不从"内在视角"出发,研究中国自己的司法实践和法治经验,提炼出中国问题、中国概念、中国理论,那么有可能会迷失在某种极为隐蔽的"意识形态法学迷雾"之中。

二、"政法法学研究"的困境

对于"政法法学研究"而言,与批评者进行辩论,以获得自身的合法性固然重要,但这还远远不够。如果我们认为,西方法治理论体系并不能很好地至少是很完整地解释中国的法治实践及其背后的基本逻辑。那么就有必要澄清和扭转理论界对中国法律制度长期以来存在的一些误解和偏见,并从制度演进和变迁的角度来发现、提炼、展示、论证这一独具中国特色的政法模式。

法教义学在法学研究中的成熟和普及,无形中抬高了政法法学介入专业法学研究的门槛,甚至让政法法学被涂上一层"不够专业"的标签。在部门法学看来,政法法学谈论历史命题、政治命题头头是道,然而一旦涉及具体法律应用问题则漏洞百出。例如,同样是讨论苏俄刑法模式在中国的际遇,专业的刑法学者显然技高一筹,政法法学即便想涉猎这一话题,也是往往取酒还独倾。而在涉及司法改革等话题时,刑诉法专业更是构筑了坚固的专业壁垒,政法法学想要染指谈何容易。甚至有过在某次重要学术会议上,一些政法法学研究者坚持让在场的一位刑诉法学者承认后者也属于政法法学领域,遭到对方严词拒绝的滑稽场景。以至于近年来,政法法学研究者不得不更多依赖法律史的叙事方法,梳理新中国成立以来的法治演变过程,从中寻找和把握中国法治进程的若干规律,但是这又与政法法学研究者的雄心壮志并不匹配,而且反而进一步强化了部门法学者对政法法学"边缘、陈旧"的刻板印象。何况,即便是从事法治演变的专门研究,也不能忽视法学研究的语境已经发生了重大变化,过去很多批判和

---

[7] 顾培东:《能动司法若干问题研究》,载《中国法学》2010年第4期,第6页。

辩论的对象都已经在实质意义上转型。例如，苏力在《送法下乡——中国基层司法制度研究》《法治及其本土资源》中所观察到的许多基层法治的重大问题，在时隔二十余年之后，很多问题早已不被称为问题或者衍生出新的问题，让阅读者产生今夕何夕的感慨。此外，如何解释政法传统中的某种断裂和跳跃，如何把政法法学的宏大研究和政法工作中的具体问题结合起来，其中浓厚的意识形态色彩，让政法法学的研究者们不得不小心翼翼加以应对。

"政法法学研究"面临的另一个问题是，并不是所有的政治问题都适合通过法律渠道解决。一些学者津津乐道的"政治司法化"或者"政治问题法律解决"，在司法场域并不是一个可以普遍适用的做法。一些政治问题与复杂的历史背景、难以解读的人事纠葛交织在一起，如果强行进入司法场域，除了增加不必要的困惑外，司法并不能提供更有利于解决上述问题的方案。特别是当人民法院不具备足够的政治"能量"时，很难从容不迫地处理那些政治敏感案件。从事后的效果来看，政策的反复性也容易让法院的此类决定顾此失彼，时过境迁后政策的调整又迫使法院通过再审监督程序对以往的生效判决进行改判，这不仅折损了人民法院自身的形象，也凸显了法治的脆弱和严肃性的缺乏。甚至有部分以"政治司法"为主题的研究中，把问题推向了一个极端——只要是法院作出的判决就一定是受到政治影响，进而导致司法的面目模糊，也带来政治泛化的弊端。"主流意识形态的传统话语结构仍然存在，这是中国革命过程……构筑的'现代传统'，这一传统对党治国家的政治生态构成了一种内在的制约，国家每一次重大决策和转变都必须建立在与这一传统的对话和博弈上，必须用一种特殊的修辞方法在这些转变与这一传统之间达成某种协调。"[8]

此外，国内学界有不少学者热衷于使用福柯的权力分析工具研究法律治理和司法治理，将法治作为一种推动国家理性化的治理技术。但是，这些"福柯派"学者们太醉心于权力技术分析方法，或者说过于注重司法制度研究中的"术"，而忽视了其背后的"道"与"势"，似乎研究中国司法制度只要充分运用好"权力技术"这一分析工具就可以解决和解释所有问题。其中，所谓"道"就是那些能够鲜明凸显当代中国司法治理特色的"党管政法"原则、"政法传统""政法体制"等背景要素，"势"就是当代中国社会转型期间从官方到民间对法律供给存在持续而旺盛的需求。因此，只有与国家治理的目标相遇时，法律治理才能产生真正的生命力。

三、"政法法学研究"的机遇

在强势的西方话语面前保持审慎的距离并不意味着无视中国司法制度自身存在的问题，在力求凸显司法场域中的"中国模式"和"中国道路"的同时，我们也应当对经验研究自身可能带来的"研究主体客体化"保持足够清醒，即"经验主义者在其实证中对存在的梳理往往成为一种对于存在的维护，对于存在之所以存在的精妙描述，往往在不知不觉间完成了以经验的合理性对于规范意义上的合理性的移花接木"[9]。目前，尽管学术界对以司法/政法为核心的一系列概念和命题的研究呈现出繁荣的景象，但也应当看到，当前的司法制度研究缺乏总体性视野和根本性的讨论，大部分局限于某一个专业领域。随着学科研究的深化和拓展，专业化的讨论是必要的，也是必然的，但学术市场的繁荣不

---

[8] 景跃进等编：《理解中国政治——关键词的方法》，中国社会科学出版社2012年版，第22—23页。

[9] 储殷：《转型社会的法律治理——基层法院的结构与运作》，吉林大学出版社2016年版，第3页。

能掩盖总体性理论建构的缺失。甚至有一种研究方法，预先设计好理论模型和最终图像，之后的所有工作都是在用文献和论证作为颜料进行填充。

社科法学的专家学者在讨论司法制度时并不以法官作为真正的对话对象，广大的法官群体只是他们笔下的研究样本。在这样的背景下，很多沉重的话题被轻巧地抽离出来，只是被大而化之地赋予某种标签，甚至法官在中国的大地上成为被想象的"共同体"或者"匿名的大多数"。在法治建设过程中，后发国家的制度优势和劣势都很明显，前者是指有参照物，能够"跟着学"；后者是指容易"食洋不化"。当我们讨论乡土中国的实际情况时，有人批评这种研究"逃避现代化的进程"；当我们讨论中国司法制度的特色时，有人批评这种研究"背离现代法治社会"。特别当他们批评中国司法的时候，使用的标尺往往是西方的，却忽视了对中国特定政治和社会环境的理解。当然，我们从来不认为，中国司法制度和运行状况不可以批评，而是批评必须建立在解决实际问题的基础上。否则，这种批评背后只是一种"挟洋自重"的优越感和"柿子专挑软的捏"的投机主义。

我们所观察到的当代中国法律实践的种种外在样态，其背后有一整套具有延续性和完整性的运行逻辑和运作模式。黄宗智曾将这种不同于帝制时期传统司法而又具有中国特色的话语、制度以及权力形式概括为"中国法律的现代性"[10]。"现代性"意味着"历史的车轮滚滚向前"和不可逆转的时空意识，意味着对过去循环往复的历史传统的否定、断裂与超越，如果将这一概念平铺摊开在时间轴上，则将展现为某种新传统。因此，时至今日我们有必要总结、提炼当代中国司法实践中的"新传统"。作为中

---

[10] 许章润主编：《清华法学（第十辑）——"中国司法传统与现代性研究"专辑》，清华大学出版社2007年版，第67—88页。

国司法道路的理论概括，它不仅要准确、客观，以便更容易被理论界和实务界接受，还要为当代中国司法制度的独特实践提炼出真正富有价值的命题。党的十九届四中全会明确提出："国家治理体系和治理能力是中国特色社会主义制度及其执行能力的集中体现。"[11] 而法治社会的突出标志就是司法在国家治理和社会治理的过程中扮演着极为重要的角色，即通过不断提升"治理能力"以满足人民群众日益增长的对司法的多元化需求。沿着这样的逻辑理路，"政法治理"这一概念呼之欲出，成为研究中国司法制度如何深度参与国家治理和社会治理的分析工具，并且其相对中性的概念特征更有助于在技术层面客观描述新中国的司法进程。

"政法"本是"政治与法律"的简称，但在长期的使用过程中又衍生出独立的含义，成为国家专政机器的指称。"法律服从政治的要求，政治借助法律的技术"，这意味着"政法"不仅仅是一个概念或一种学说，还是"一套组织机构，一套权力技术，一套成熟的法律实践"[12]。其作为一种"传统"，可追溯至陕甘宁根据地司法时期[13]，其主要特征是革命主义的精神气质、集中力量办大事的权威主义和国家运动式治理[14]。此后，这一话题逐渐得到学界关注，并被扩展至司法机关内部治理逻辑、政法委的组织史变迁和当代中国政法体制的形成等问题域。

学界最早涉足司法治理特别是司法政治研究的是苏力，他在《中国司法中的政党》一文中，呼吁通过研究司法与政党的关系

---

[11] 新华社讯：《中共中央关于坚持和完善中国特色社会主义制度推进国家治理体系和治理能力现代化若干重大问题的决定》，载《人民日报》2019年11月06日，第1版。

[12] 强世功：《法制与治理——国家转型中的法律》，中国政法大学出版社2003年版，第123页。

[13] 参见刘全娥：《陕甘宁边区司法改革与"政法传统"的形成》，人民出版社2016年版。

[14] 参见叶传星：《转型社会中的法律治理——当代中国法治进程的理论检讨》，法律出版社2012年版，第231—234页。

以"重构中国司法研究的学术框架"。[15] 我们有理由相信,"司法与政治关系"问题的研究可以得到进一步推进。而党的领导和人民法院依法独立行使审判权之间并不是非此即彼的对立关系。恰恰相反,自新中国成立以来,党的文件和领导人讲话就在强调,人民法院接受党的领导的关键在于依法独立行使审判权,人民法院遇到困难可以请求党委协调解决,但这并不意味审判权可以受到不正当的干扰,更不能将审判权假手于人。从人民法院的发展历程来看,无论是帮助法院解决执行难问题、解决地方保护主义难题,还是收回死刑复核权、确立"以审判为中心"的诉讼制度,如果没有执政党的强力推进和保驾护航,人民法院是不可能单独完成上述工作的。在现有的政治话语体系下,"党管政法"原则的内涵可以解释为人民法院对审判工作独立负责、独立判断。这恰恰是对党和人民负责的集中体现,其最终目的恰恰是保障法官和法院依法独立行使审判权,而这也正是司法责任制的逻辑起点。

此外,坚持法治实践的本土化与吸收、借鉴西方法治文明并不矛盾,如果我们不承认这一点,则会牺牲论证的严密性和论题的一致性。应当看到,当下中国与西方经验交汇重叠,并且正在强势生长着的鲜活的"法治本土资源",使许多西方法律概念已经内化为本土法律实践的一部分。例如,刑法理论体系对德日刑法的引入,对于改造我国受苏联法律制度影响的较为粗疏的原有刑法体系,使其在定罪量刑方面更加规范化、精准化具有重要的意义。而"民告官"的行政诉讼应该说在中国传统法律实践中是难以想象的,但恰恰是这种所谓的"西方法治实践",在当今中国社会的维权实践中已经越来越被广泛地运用,日积月累的行政

---

[15] 参见苏力:《中国司法中的政党》,载《法律和社会科学》2006年第1卷,第256—284页。

诉讼案件已经成为中国行政法学研究的宝库。因此，对西方司法制度的反思应限于偏近于政治制度的司法模式，而对于较为具体的法律适用方面，特别是部门法理论、法教义学的相关内容的吸收、借鉴仍然很有必要。

因此，"政法法学研究"既是一个法律命题，也是一个政治命题。当代中国作为一个超大规模社会，集中统一的国家治理之下是各地多样的、分散的现实，特别是对于中国政法制度而言，从最高法院到基层法院，从发达城市到偏远的县城再到少数民族边疆地区，各个层级和各个区域的政法机关所拥有的治理资源、治理水平、动员能力以及所面临的那些急需解决的问题都存在巨大差异。因而任何一种试图以单一的理论工具去概括中国法律制度的努力，可能都不会取得太理想的效果。笔者既想要提炼出当代中国法治历程的某种带有共性的规律、经验和模式，但又深知由于资料、视角、认识的有限性，很多观点、判断、结论难免挂一漏万，所谓的"共性"实则很难清晰描述事物全貌。这既是笔者在研究过程中挥之不去的困惑，也很可能是未来政法法学研究所共同面临的理论困境。但是，这并不意味着在司法改革、司法制度发展的道路前景等方面不能建立某种"共识"。从长期的演进轨迹来看，中国共产党在探索治理国家的过程中，实现了从政治调控到依法治理的转型[16]，从而完成了对现代中国法律秩序的塑造，因而以"政法传统"来解释今天的司法模式仍未过时。中国的法治实践如果有朝一日能够有幸为人类法治文明作出独有的贡献，那么这种贡献一定是从当代中国独特的治理实践出发，总结和提炼相应的经验、原理、规则乃至规律，展现中国几代法律工作者在政法治理过程中所凝结的智慧。

---

[16] 参见赵天宝：《中国普法三十年（1986—2016）的困顿与超越》，载《环球法律评论》2017年第4期，第60—69页。

作为理论框架的政法体制
——打进"帝国—民族国家"认识范式中的楔子

张嘉源*

> 我们怜悯婴儿的处境,然而我们还不了解,如果人不是从做婴儿开始的话,人类也许是已经灭亡了。
>
> 卢梭,《爱弥儿》[1]

二十余年前,苏力教授将中国当代法学的发展划分为三个阶段,在不同阶段法学研究所呈现出的气象以及使用的方法都是大为不同的,对应上述差异,法学学派可被先后归属为政法法学、法教义学以及社科法学。[2] 然而这不仅是一种时序性或历时性的划分,它更构筑了今时今日法学研究的基本格局。

不过时移势易,在 20 世纪 80 年代还是显

---

* 张嘉源,中国政法大学证据科学研究院博士研究生。

[1] [法]让-雅克·卢梭:《爱弥儿(上卷)》,李平沤译,商务印书馆 2017 年版,第 8 页。

[2] 参见苏力:《也许正在发生——中国当代法学发展的一个概览》,载《比较法研究》2001 年第 3 期,第 3—5 页。

学的政法法学，从 90 年代开始便渐显颓势，概因该学派无法脱离政治话语，尤其是在学术讨论中反复重复"政治正确"的话语，以一些激昂却难以经受推敲的断语，阻碍了进一步讨论的可能。[3] 这一趋势发展到极致，便是重蹈意识形态之争，学术讨论将演变为立场之争，而非观点之争，为他人观点贴上"政治标签"的做法也将大行其道。[4] 正是由于政法法学难以妥适地区分政治与法律，苏力教授才断言该学派将逐渐"隐退"。[5] 从事实上看，政法法学在法学研究中的影响总体而言的确是日渐式微，相比之下，法教义学和社科法学近年来可谓如日中天，以致二者频频有争鸣之举。[6] 但不可否认的是，政法法学在过去二十多年间也经历了一批学者的重构，新政法法学力图以学术和智识重新勾连起政治与法律的关系，俨然有"浴火重生"之势[7]，其中最具代表性的学者便是冯象教授[8]与强世功教授[9]。

---

[3] 戴昕曾经批判中国学者在论证程序正义的独立性是否必然意味着程序正义之于实体正义的绝对性时往往失于简略，其通常以"程序上的不正义必然为文明社会不能容忍"这样的"政治正确"终结了讨论。参见戴昕：《冤案的认知维度和话语困境》，载《法律和社会科学》2006 年第 1 卷，第 124—125 页。

[4] 以证据法学为例，长久以来关于自由心证的争论都聚焦于该原则是否是唯心主义的、是否过于强调法官的主观能动性，从而是否容易为法官擅自大开方便之门，是否因此从根本上违背了我国实事求是的证据调查要求。参见徐益初：《自由心证原则与判断证据的标准》，载《法学研究》1981 年第 2 期，第 24—27 页；樊崇义主编：《证据法学》，法律出版社 2001 年版，第 36 页。乃至世纪初关于诉讼真理观的大争锋，也不乏政法法学的身影，比如"承认诉讼证明中的绝对真实，才能确立认定案件事实是否正确的科学标准，从实体上分清办铁案和办假案、公正司法和司法不公的根本界线"。强调客观真实论与辩证唯物主义认识论若合符节，因而是科学的真理观。出自陈光中、陈海光、魏晓娜：《刑事证据制度与认识论——兼与误区论、法律真实论、相对真实论商榷》，载《中国法学》2001 年第 1 期，第 42 页。

[5] 参见苏力：《也许正在发生——中国当代法学发展的一个概览》，载《比较法研究》2001 年第 3 期，第 7 页。

[6] 社科法学和法教义学之间的方法论对话，已持续经年。讨论肇始于 2014 年 5—6 月在中南财经政法大学召开的"社科法学与法教义学的对话"学术讨论会。

[7] 参见苏力：《中国法学研究格局的流变》，载《法商研究》2014 年第 5 期，第 58—60 页。

[8] 参见冯象：《政法笔记》，北京大学出版社 2012 年版。

[9] 参见强世功：《谁来解释宪法？——从宪法文本看我国的二元违宪审查体制》，载《中外法学》2003 年第 5 期，第 513—543 页。

不难想象，在上述此消彼长的态势下，作为迄今为止不多的研究"政法"主题的专著，邵六益副教授所著的《政法传统研究》具有的冲击力以及带给学界的新鲜感是强烈的，从笔者掩卷读毕的体验来说也的确如此。我想除了前述缘由以外，还有一个主要的原因，便是自本科以至博士阶段，笔者都深受自由主义法学理论的熏陶，突然面对一套基于中国特色社会主义历史实践而打造出的法治话语，难免会有震撼，甚至是一种不适之感。然而毋庸置疑，这也将是本书的看点，但可能并不定然符合传播策略，因为潜在受众的知识背景大多与笔者相似，所以未免会出现"最大化抵制、最小化传播"的情形。

但是千万不要将如此力作误解为"易摘的果实"，无论是作者在书中表达出的理论野心，还是该书力图实现的价值整合目标，都需要莫大的理论勇气和智识方能完成。更何况本书的理论叙事完全有别于当前主流的法学叙事，其视角、话语皆大为不同。因此，尽管本书文笔通畅，但对一般的法学专业读者来说，阅读体验可能不会太好。有鉴于此，笔者拟就本书对话的其中一个理论主题——现代国家形成模式——谈点个人浅见，以使读者了解到本书的理论价值和贡献。

一、自然历程视角下的历史书写

哲学与社会科学在许多理论假设上都抱持着一种"成人的"或"普通人的"视角，并不依照人的自然成长历程演化发展。如亚里士多德关于伦理学的理论架构便是围绕成年人（更为精确地讲是家父长）而展开，他认为，青年人对人生的行为缺乏经验，还会受到感情与欲望的宰制，因而不宜运用伦理学去指导他们的行为，所以德性的追求于他们而言既无意义也不可能。[10] 又如

---

[10] 参见［古希腊］亚里士多德：《尼各马可伦理学》，廖申白译注，商务印书馆2003年版，第7—9页。

近代政治哲学关于自然状态的学说，在霍布斯看来，人们"聚集在一起"或"相互交往"并非像亚里士多德所言是自然天性使然，或是为了寻求同伴和朋友，而是出于对荣誉的追求和对利益的考虑，才使人结成团体，构成社会。[11] 荣誉与利益的存在需要在社会中通过比较和竞争方能体现，人类对二者的追求，对超越他人的渴望，恰恰是爱自己甚于爱他人的表现，是一种"社会性的自爱"。在激情与欲望的驱使下，自我终于胜过他人，进而达到对他者的支配。这便是纷争和内乱的根源之一。[12] 同时，由于人们具有面对死亡时的平等的自然能力，所以这种平等性会导致人们产生忧惧，为了求得自我保存，便会试图毁灭他人，最后导致"每一个人对每个人的战争"。[13] 前述假设对婴幼儿和青年人的忽视是显而易见的，是一种典型的"成人预设"。除此之外，笛卡尔的"我思"、经济学中的"理性人"假设也同样如此，限于篇幅，笔者不在此赘述。

反观卢梭在《爱弥儿》中对人性的讨论，是从观察他的自然生长历程开始，其所秉持的是一种自然史视角。他依循人类的自然历程发展，按照婴幼儿时期、童年时期以及青春期的阶段划分，来差别化地分析不同时期人所具有的能力，以及在此年龄、能力以及成长环境下的人性。[14] 根据这种视角和方法论所做的分析，能够全景式地呈现和描摹人的成长图景，相较于从逻辑上所做的抽象化的一般性预设，其更为尊重事实，更为贴近经验，也更为具体生动。既然对人性可以如此进行讨论，那么对政法体

---

[11] 参见［英］托马斯·霍布斯：《论公民》，应星、冯克利译，贵州人民出版社2004年版，第4页。

[12] 参见李猛：《自然社会：自然法与现代道德世界的形成》，生活·读书·新知三联书店2015年版，第63—65页。

[13] 参见［美］托马斯·霍布斯：《利维坦》，黎思复、黎廷弼译，商务印书馆2009年版，第92—95页。

[14] 参见［法］让-雅克·卢梭：《爱弥儿（上卷）》，李平沤译，商务印书馆2017年版。

制的解释也应当追溯历史,从其根源探寻。[15]

实际上,《政法传统研究》正是自觉运用前述思路和方法,从时间维度对政法体制进行历史书写,在中国现代化进程中追问形塑政法体制的力量与因素。强世功教授在本书前言中将政法法学区分为"大政法"和"小政法",前者是"以思考人类文明秩序建构作为其核心主题",通过政法的视角和人文学科以及社会科学进行对话,其要义便在于整合分化的社会。因此"大政法"更为集中体现政法法学研究领域的整全性和涵盖性。而后者则是着眼于"从政治角度来解读法律",其思考并未超越法学领域,相较于前者,视角也显得更为微观。所以"小政法"其意不在整合,它仅将分化社会作为社会事实,并以政法理论的视角深入具体而微的部门法领域。[16]《政法传统研究》一书从总体上看,应当归属于"小政法"的范畴,但正如强世功教授所言,作者在导言部分的思考展现出了"大政法"的视野。[17] 导言看似从三个维度剖析政法体制,实则讨论了政法体制涉及的三个理论问题。第一个时间维度涉及的是政法体制的历史生成,其表面上是和自由主义法治理论进行对话,本质上却是在分析中国现代化路径与西方的差异,并在此基础上讨论这种演变模式如何影响了政法体制,这与本书第一章的历史考察相映成趣。[18] 第二个认同维度关涉的是如何通过社会主义将多元主体整合为统一人民,完成宪

---

[15] 有趣的是,亚里士多德虽在道德哲学上认为青年人无法获得德性,因而以一种成年人的视角构建了他的德性伦理学的体系架构,但他在分析政治共同体时,却以一种自然历程的视角,为我们描述了从家庭到村镇聚落,再到最后结合而成城邦的共同体的演进过程,并据此展开了他的政治哲学讨论。所以不仅是对个体人性的讨论可以用此方法,对政治组织的讨论也可以循此发生学的思路。参见[古希腊]亚里士多德:《政治学》,吴寿彭译,商务印书馆1965年版。

[16] 参见邵六益:《政法传统研究——理论、方法与论题》,东方出版社2022年版,前言第9—12页。

[17] 参见同上,前言第12页。

[18] 参见同上,第4—8、29—55页。

制上的合众为一，以提升人民的政治认同感。[19] 最后一个价值维度其实是从第一个维度的讨论中衍生而来。正是由于中国现代化历程是从封建礼教社会转变为社会主义社会，并在尔后的改革开放中充分吸收了西方资本主义市场经济和形式法治的制度要素，所以最终形成古典礼法传统、社会主义政法传统和改革开放以来形成的法治传统三种价值并存的局面。[20] 而在"历史终结"[21] 背景下全面借鉴西方理论惯习所形成的主流法学话语，因对中国经验少有关照，尤其是缺少从中国语境和中国实践出发的对西方理论的反思性认识，所以无不受到西方"现代化范式"的支配。[22] 这一主流范式于20世纪末遭到了以苏力教授为代表的批判法律理论的全面冲击[23]，但在之后的发展过程中，批判法律理论放弃了批判立场而走向妥协，当下之要务便是实现对前述三种价值的"通三统"命题[24]，尤其是完成社会主义政法传统和资本主义形式法治传统的知识整合[25]，避免在两种价值的张力之下形成"暧昧的中国"[26]。前述三个理论命题无疑具有较

---

[19] 参见邵六益：《政法传统研究——理论、方法与论题》，东方出版社2022年版，第8—14页。

[20] 参见强世功：《批判法律理论的场域——从〈秋菊打官司〉看批判法律理论的转向》，载《学术月刊》2019年第10期，第104—108页。

[21] 参见 [美] 弗朗西斯·福山：《历史的终结及最后之人》，中国社会科学出版社2003年版。

[22] 参见邓正来：《中国法学向何处去（上）——建构"中国法律理想图景"时代的论纲》，载《政法论坛》2005年第1期，第3—23页；邓正来：《中国法学向何处去（中）——建构"中国法律理想图景"时代的论纲》，载《政法论坛》2005年第2期，第26—43页。

[23] 参见苏力：《变法，法治建设及其本土资源》，载《中外法学》1995年第5期，第1—9页。

[24] 参见甘阳：《通三统》，读书·生活·新知三联书店2007年版。

[25] 参见邵六益：《政法传统研究——理论、方法与论题》，东方出版社2022年版，第14—19页。

[26] 此处借鉴自日本作家大江健三郎发表的诺贝尔文学奖获奖感言《暧昧的日本的我》，其中提到日本在东方与西方文化的冲击之下，从根本上被置于暧昧的两极，一方面是西方昭示的现代化文明，另一方面是东方专制文化的残余。正是由于没能妥善地整合二者，日本才被此种暧昧的进程引向了军国主义。

高的理论价值，但囿于本人学识有限和文章论证需要集中，笔者将集中关注本书对政法体制的历史书写。

二、以革命/社会主义叙事与现代化/资本主义叙事对话

作者从时间维度书写政法体制的历史，一方面旨在揭示有别于西方资本主义自由法治理论，我国的政法体制是在社会主义革命过程中塑造而成；另一方面便是与潜藏在自由法治理论背后的西方现代化国家构建模式对话，这是根本之处。借由这双重对话，最终证成我国现代化构建模式以及由此打造的政法体制。

传统理论对现代化国家建构的模式分析认为，现代国家的形成遵循着从帝国到民族国家演变的认知范式。[27] 对帝国的认识通常有这样几种形象：第一，帝国总是凭借战争对外扩张疆域；第二，由于疆域辽阔，所以其所辖族群与人口总是多元且跨文化的；第三，帝国往往通过殖民、奴役或朝贡的方式间接统治其所征服土地；第四，相对于帝国的核心统治地带，其边缘所在与帝国的关系需接受不平等的等级秩序的调控。[28] 与之相反，民族国家与其他国家的关系是国际法上的平等主体关系，因此它不会通过战争的方式对外扩张。而民族国家大多是由共同的族群或拥有共同文化背景的人民组成，并由国家直接统治。[29] 相较于先进文明的民族国家，陈腐野蛮的帝国终将走向衰落，并必然地向民族国家演进。

然而帝国—民族国家的二分范式实则是西方中心主义的产物，其预设此种现代化模式应为所有国家采用，且只有通过这种路径方能完成现代化建构。西方中心主义观念从诞生之初到目前

---

[27] 参见 Rupert Emerson, *From Empire to Nation: The Rise to Self-Assertion of Asian and African Peoples*, Harvard University Press, 1960.

[28] 参见 Shmuel N. Eisenstadt, *The Political Systems of Empires: The Rise and Fall of the Historical Bureaucratic Societies*, The Free Press, 1963.

[29] 参见 Liah Greenfeld, *Nationalism: Five Roads to Modernity*, Harvard University Press, 1992.

为止已经历了三波浪潮。第一波浪潮催生了种族主义思想，其盛行于18—19世纪的欧洲，尤其是英国。这种思想主张把世界种族划分为三个等级，居于首位的是白人世界，特别是西欧国家，它们代表着文明和先进，国家的现代化进程也只有置于白人世界方能顺利完成。次于白人世界的便是黄种的亚洲国家，这些国家既不能也没有实现现代化转型，而是依然处于专制统治之下，非理性的臣民只能生活在"野蛮"的国度。居末席者则是黑种的非洲部落，那里的社会组织还停留在原始聚落时代，连国家都未曾形成，因而被视为"蛮荒"的代名词。[30]

第二波浪潮始于第二次世界大战结束，终于20世纪90年代，它的核心理念可以归结为制度主义，即欧美国家在现代化构建过程中的发展路径和制度架设具有普适性，对于所有的非西方国家皆适用，这就是20世纪50年代开始盛行的"现代化理论"。它是围绕西方发达国家的结构变迁而提出的一套话语，同时该理论的议题设置也以西方发达国家的现代化进程为中心。[31] 按照"现代化理论"，由于西方国家文化与价值观等内生因素并不阻碍现代化进程[32]，而非西方国家却具有内生因素的阻碍，因此非西方国家必须依照西方国家的模式改造，方能顺利实现现代化。如此一来，现代化进程便会体现出趋同性，非西方国家将以西方的路径作为范本，"从历史上看，现代化是一个朝着欧美型的社会、经济和政治系统演变的过程"。[33] 其具体特征体现为：经济

---

[30] 参见 John M. Hobson, "Civilizing the Global Economy: Racism and the Continuity of Anglo-Saxon Imperialism," in Brett Bowden and Leonard Seabrooke, eds., *Global Standards of Market Civilization*, Routledge, 2006, pp. 60—76.

[31] 参见孙立平：《社会转型：发展社会学的新议题》，载《社会学研究》2005年第1期，第2页。

[32] 该观点较明显地体现了韦伯的主张，可参见［德］马克斯·韦伯：《新教伦理与资本主义精神》，阎克文译，上海人民出版社2018年版。

[33] 参见 Shmuel N. Eisenstadt, *Modernization: Protest and Change*, Prentice-Hall, 1966.

上建成市场工业经济；政治上终结威权统治，开启民主政治时代；社会上实现对宗教的祛魅，完成世俗社会的理性化转型。但这一切的前提都是建立起民族国家，所以要和西方现代化法治理论对话，根本的就是与西方帝国—民族国家范式对话。"现代化理论"不仅是一种社会科学的表述，在冷战时代它也成为服务以美国为首的资本主义国家与社会主义阵营对抗的意识形态工具。[34]

1991年，随着苏联的解体，代表着社会主义阵营和资本主义阵营对立的冷战也宣告结束，西方中心主义并未就此终结。亨廷顿预测在后冷战时代，文明冲突论将取代之前的制度主义，即西方基督教文明将与中东伊斯兰文明之间发生对抗。[35] 其后"9·11"恐怖袭击的发生，促使以美国为首的西方国家开始了迄今为止仍未结束的反恐战争，它们重又拾起种族主义的话语，将伊斯兰文明和它的盟友视为野蛮国度，批评它们是"邪恶轴心"。[36] 此后西方国家借以反恐为名掀起的反恐战争与全球化浪潮一道大大挤压了东方国家的主权空间，西方国家趁此具有了"超越主权"的能力，而东方国家则只具备"有条件的主权"。[37] 但与前述两次浪潮皆是西方单向压制东方不同，文明冲突论下的东西方却处于双向对抗之中。

鉴于现代国家构建理论本质是西方中心主义的产物，而现代

---

[34] 参见 Michael E. Latham, *Modernization as Ideology: American Social Science and "Nation Building" in the Kennedy Era*, University of North Carolina Press, 2000.

[35] 参见 [美] 萨缪尔·亨廷顿:《文明的冲突与世界秩序的重建》，周琪、刘绯、张立平、王圆译，新华出版社2010年版。

[36] "邪恶轴心"是由美国前总统布什在国情咨文演讲时提出的概念，关于这一概念的介绍，可参见刘永涛:《话语作为（不）安全实践——语言、理论和"邪恶轴心"》，载《世界经济与政治》2008年第5期，第23—25页。

[37] 参见 John M. Hobson, "Decolonising Sovereignty: Globalisation and the Return of Hyper-Sovereignty," in Robert Schuett and Peter M. R. Stirk, eds., *The Concept of the State in International Relations: Philosophy, Sovereignty, Cosmopolitanism*, Edinburgh University Press, 2015, pp. 135—162.

法治理念、法律制度都派生于该理论，因此欲与西方法治理论对话，必先与西方的现代国家形成理论对话，这也是《政法传统研究》的逻辑起点。邵六益副教授引述查尔斯·蒂利（Charles Tilly）的观点认为，西方国家的现代化转型首先是通过长期不断的战争，以及为应对军费的扩张而持续不断地提升国家经济能力，外加资本的高度积累而完成民族国家的建构，其后通过英国工业革命和法国大革命分别确立了经济发展道路和政治法律模式，最后于19世纪基本完成现代化转型。[38] 当西方国家完成政治现代化任务之后，作者进而认为自然法哲学所具有的激进性便为主权国家所驯服，政治哲学的学科地位也为关注社会法则的社会学代替，学术研究的重心由此从关注现代化国家建构转向描述"自生自发"的社会转型。[39] 此外，政党的政治性意涵随着社会契约建国的成功而消减，取而代之的是关注公共事务执行的行政性政党。从历史上看，19世纪处于国际边缘地带的中国不能也没有走向"自生自发"的现代化转型，因为前述转型路径是地缘政治结构不平等的产物，一如前述西方中心主义，只有强权或为强权认可的文明国家方能通往现代化，而彼时的中国正深陷半殖民地半封建社会，在帝国主义环伺下的中国最后选择了以政党整合国内政治力量，进而掀起社会革命的方式完成了国家的现代化转型，最后所确立的政党—国家形式便是政法体制。[40]

---

[38] 参见［美］查尔斯·蒂利：《强制、资本和欧洲国家（公元990—1992年）》，魏洪钟译，上海人民出版社2007年版，转引自邵六益：《政法传统研究——理论、方法与论题》，东方出版社2022年版，第4页。

[39] 实际上，自然法哲学对资产阶级大革命的推动作用有多大，一直以来都是学界讨论不休的话题。以法国大革命为例，罗伯特·达恩顿根据对大革命前民众阅读书目的统计，推断大革命的爆发"不是卢梭的错"，也"不是伏尔泰的错"，而是色情文学引发了民众对现有秩序的怀疑，对王权和教权神圣的解构，从此埋下了法国大革命的一颗火种。参见［美］罗伯特·达恩顿：《法国大革命前的畅销禁书》，郑国强译，华东师范大学出版社2012年版。

[40] 参见邵六益：《政法传统研究——理论、方法与论题》，东方出版社2022年版，第32—38页。

三、政法体制的历史书写

不同于现代化/资本主义叙事,《政法传统研究》以革命/社会主义视角来描述中国的现代化转型。作者将中国国家转型的起讫点分别定位在辛亥革命以及当下新时代的中国。辛亥革命、清帝逊位、民国肇建,政治正当性从巩固皇权变为"三民主义"式的"主权在民",这是民国对旧有秩序的打破。但"破"后还需"立",如何设计一套政治制度来维持既有的政治实践,是共和派眼前最大的任务。在作者看来,这套制度亟须解决几个关键问题:第一,辛亥革命以降唯一的政治正当性便是人民,而自从科举制度废除之后,国家与人民之间的沟通媒介也随之瓦解,因此需使民意流动,为国家所闻,使国家权力与社会民众之间能够直接接触,从而实现社会整合;第二,当时的中国正面临内忧外患,内有地方割据与中央政府分庭抗礼,外有帝国主义虎狼之师在侧,不少疆土依然为列强所控,所以需要打造一个强大的权力中心在维持既有领土的同时收复失地,从而实现政治整合;第三,民国初年所确立的共和政体选择了议会制民主作为政治运行的模式,但此后的实践表明,议会制民主不但不能最大程度地凝聚共识,反而激化了各群体之间的矛盾,使得政治在共和与独裁之间来回反复,故而需团结各党派团体以及中央与地方,进而提升这些群体之间的政治认同,实现认同整合。而作者从历史长河中为这三个问题寻找到的灵丹妙药便是建立列宁式的政党,并在党的领导下进行"社会革命"。[41] 从政治革命转向社会革命,此为革命/社会主义叙事的正当性之一。

在邵六益看来,中国共产党之所以战胜了国民党,很大程度上是因为后者忽略了社会革命的重要性。彼时的中国拥有数量极

---

[41] 参见邵六益:《政法传统研究——理论、方法与论题》,东方出版社 2022 年版,第 36—40 页。

为庞大的下层人民，若充分实现对底层群众的动员，将会给国家带来庞大的资源，且为国家的统治赋予极强的正当性。正是中国的特殊条件，需要将人民置于革命舞台的中央，视其为革命的主体以及国家的"主人翁"。而国民党的政党—国家体系以及它的党化司法只是二维的框架，其中只有党与政府的身影，缺少了下层人民的位置。而中国共产党的政法体制却将政党、政府与人民有机联系起来，"不仅考虑党权与政权这些顶层设计，而且关注上层建筑与下层人民之间的关系：通过土地革命解放农民，通过性别革命解放妇女，通过家庭革命解放子女，从而创造出进行阶级革命的动力"[42]。因此国民党的失败不能仅仅归咎于其组织能力低下[43]，根本原因还在于政治正当性的匮乏，其"在加强外在控制的同时缺失政治伦理，忽视人民的维度"[44]。

社会革命并未因建立新中国以及完成新民主主义革命而告终结，从1949年新中国成立直至1954年颁布"五四宪法"，囿于生产力的低下，我国长期处于向社会主义转变并由无产阶级专政的过渡时期。《中国人民政治协商会议共同纲领》所建立的新民主主义国家中多种阶级并存，在此背景下社会革命需着力塑造无产阶级的同质性。无产阶级同质性意味着其"在思想、组织以及对国家未来议程的设定权和领导权"[45]，它无关数量的多寡，而是一种政治性的体现[46]。所以当新中国还不具有无产阶级同质性时，便不能径行召开全国人民代表大会，而只能由全国政协会

---

[42] 参见邵六益：《政法传统研究——理论、方法与论题》，东方出版社2022年版，第41页。
[43] 参见王奇生：《党员、党权与党争——1924—1949年中国国民党的组织形态（修订增补本）》，华文出版社2010年版。
[44] 邵六益：《政法传统研究——理论、方法与论题》，东方出版社2022年版，第42页。
[45] 参见同上，第46—47页。
[46] 参见汪晖：《去政治化的政治——短20世纪的终结与90年代》，生活·读书·新知三联书店2008年版，第23—27页。

议暂代职权。随着社会主义三大改造以及第一个五年计划的完成，经济、政治与社会条件尽皆完备，通过召开全国人民代表大会，制定并颁布"五四宪法"。尽管我国之后经历改革开放三十余年，生产力大幅提升，但是依然不能实现按需分配，现实的政治状态距离社会主义的理想状态依旧存在距离，因此"只要社会主义的同质性并未最终实现，就一定需要借助党治的力量来整合各种异质性的力量，最重要的是借助党领导人大的宪制设计，实现党领导下全国人民的政治构建"[47]。具言之，党领导人大要解决的核心问题便是"在代表与全国人民之间建立起政治关联"，要分别"借助中央直管名额、中央领导联系各个代表团等机制来实现"。总之，党对人大的领导要突破地区、城乡、职业等各群体利益的桎梏，使人大代表成为总体的人民公意的代表。[48] 由党领导人大从而实现无产阶级均质化，此为革命/社会主义叙事的正当性之二。

社会革命的逻辑在法律领域的具象体现，即为政法体制。延安时期的大众化司法与马锡五审判方式，旨在通过司法教化民众，使其转变为革命的"主人翁"。同时，大众化司法亦能动员基层，将其纳入党的权力网络，为党的基层治理提供资源。此制度逻辑始终贯穿社会革命的目标，通过司法拉近国家与民众的距离，使民众得以亲身感知国家权力。此亦为党领导政法工作的应有之义。新中国成立后，这一政法体制并未退出历史舞台，而是演化为革命法制。革命与法制，本为一对冲突的概念，前者倾向于破坏与变动，后者则侧重于建构与稳定。然而二者在无产阶级专政政体的统一下，共同服务于社会主义实质平等的追求。其背后隐含的张力，在于"科层化的国家统治与平等主义理念、为实

---

[47] 邵六益：《政法传统研究——理论、方法与论题》，东方出版社 2022 年版，第 48 页。
[48] 参见同上，第 48—49 页。

现政治与经济目标所需的分工等级与意识形态忠诚、广泛参与的政治平等与政党国家的中央集权"[49]之间存在难以调和的矛盾。为避免自由主义法治下异质性效果的频现，社会主义政党的伦理追求——人民是统治的正当性与合法性来源——必然催生司法为民的诉求。因此，《政法传统研究》一书认为，政法体制的核心内容不仅包括党法关系，更应涵盖法民关系。二者并非截然割裂，而是紧密相连。一方面，需在司法工作中兼顾民众诉求，使法律与人民建立关联，提升判决的可接受性，如审判委员会讨论案件时对群众诉求的考量，以期实现法律效果与社会效果的统一；[50]另一方面，法律的专业化、精英化导致的"傲慢"与民众的朴素正义之间的张力，需由政党协调，如党所要求的"让人民群众在每一个司法案件中感受到公平正义"[51]。政法体制的前述内容，最终皆需回归至"为人民服务"的政治哲学之中。在新时代的"伟大斗争"中，需"加强党与国家机构之间的联系，以政治方式带动行政，避免国家机关科层化而淡忘政治"[52]。党领导司法与司法为民，使党法关系、法民关系有机统一，使党、国家与人民三者彼此联结，此乃革命/社会主义叙事的正当性之三。

四、"旧邦新命"：超越革命—现代化叙事的新政法法学？

"周虽旧邦，其命维新。"[53]新政法法学接续了旧政法法学对政治和法律问题的关联性思考传统，但同时以更为学术化的路径展开了智识讨论。鉴于新政法法学所具有的浓厚的意识形态底色，因此该书关于政法体制的历史书写以及中国的现代化转型分

---

[49] 刘小枫：《现代性社会理论绪论》，华东师范大学出版社2018年版，第132页。
[50] 参见邵六益：《审委会与合议庭——司法判决中的隐匿对话》，载《中外法学》2019年第3期，第713—738页。
[51] 习近平：《高举中国特色社会主义伟大旗帜 为全面建设社会主义现代化国家而团结奋斗——在中国共产党第二十次全国代表大会上的报告》，人民出版社2022年版，第42页。
[52] 邵六益：《政法传统研究——理论、方法与论题》，东方出版社2022年版，第55页。
[53] 刘毓庆、李蹊译注：《诗经（下）》，中华书局2011年版，第643页。

析都透露出革命/社会主义叙事的影子，其不仅突破了现代化/资本主义叙事的框架，而且更是一块打进"帝国—民族国家"认识范式中的楔子。作者对中国现代化构建的历史图景进行了较为精准的描摹，并据此阐发了该过程如何形塑和构建我国的政法体制。政法体制的诸多要素通过不同的具体制度语境得以呈现，且融贯地构成了作者政法体制的理论框架。尽管如此，这一历史书写并非全然无碍，于笔者而言，依然存有几处疑问。

该书在刻画政法体制的历史形象时，认定其来自应中国现代化转型的政治整合需要，以对民众发动直接的底层动员和社会革命为目标所构建而成的政党—国家体制。这一主张着力聚焦政法体制使党、政府及人民三者相互勾连的作用，并能因此提升党的政治认同，获得统治正当性。换言之，依作者所述，政法体制不仅是一种组织手段，能使中国具有强固的组织结构，更重要的在于其内含政治伦理。但是在笔者看来，实质在于提升政治认同感。在高认同感下，民众可以突破族群、文化背景、阶级地位以及个体私利的限制，为了国家的利益聚合在一起。但是仅探讨政治认同感的提升是不够的，因为中国的现代化转型是在抗击外侮、廓清内敌的过程中完成的，仅有团结的民众以及得到认同的政党与政府是不足以迎接上述挑战的。关键还在于高度集权的政党—国家体制是否能与强大的政治认同感相关联，以此充分或高效率地利用军事和财政资源。[54]

分而论之，第一，国家目标的实现程度，首先依赖于财政与军事资源的多寡，即国家对经济的汲取能力。从经济榨取的对象来看，可分为农业型国家和工商业型国家，前者直接对土地征税，而后者则对商品和服务征收间接税。从经济的支出与开支比

---

[54] 参见李怀印：《现代中国的形成——1600—1949》，广西师范大学出版社 2022 年版，第 18—19 页。

例来看，可分为均衡型财政和非均衡型财政，前者指的是国家财政收支平衡，后者则相反。从经济与开支的增减程度来看，可分为扩张型财政和收敛型财政，扩张型财政即支出与开支持续不断增长，以应对更多的国家任务，收敛型财政是支出与开支都保持在较低水平的状态。一般而言，工商业型国家的经济汲取能力强于农业型国家，扩张型的均衡财政相较于其他类型而言，对资源的榨取是更多的，但财政健康程度也是更高的。

第二，实现国家目标还涉及如何使用资源，这关系到资源如何在中央及地方之间进行再分配。这种再分配模式主要包括三类。其一，资源由中央垄断的分配模式。地方资源匮乏，因而财政及军事事权也很薄弱，万事都得听命于中央，受中央辖制。其二，资源由地方主导的分配模式。这一模式具有高度地方化的特征，与前一模式相比，地方政府较中央政府强势，中央为了谋取更多资源及事权，需要和地方争夺。其三，介于上述两极之间的分配模式，央地关系相对平衡，这一平衡态将因一方资源超过另一方而被打破。所以在高度集权的政府体制下，各方政治力量的利益聚合程度更高，其所拥有的财政与军事资源也更为集中。

第三，当资源的再分配和介入再分配的个人或群体的认同感具有正面关联时，资源的利用效率就会更高，反之亦然。在高度地方化的分配模式中，如果民众对地方政府的政治认同感较高，则地方政府对资源的利用会更加有效，可能对中央的统治构成挑战。

具体到我国，国民党之所以为中国共产党所击败，可分别从上述三个方面进行对比分析。以国民党视角观之，经济上国民党以后发国家的标准化模式发展工业，并促成了1927—1937年的快速工业化，可以说初步建立了工商业的经济体系。[55] 但是由于国民政府作为一个全国性政权，其对内防备各地军阀以及对共产党进行"围剿"，对外抵御日寇入侵，军事开销极大，且同时还需承担全国事业机构的支出。因此，尽管当时国民党初步确立了国地划分体制，建立了统一财政，并同时构建起预算制度，但鉴于军费支出漫无节制，预算制度的约束也极为有限，最后只能尽可能地缩减地方财政的相对比例。[56] 此种高度不均衡的扩张型财政模式到解放战争后期时已不堪重负，终于导致国民政府经济崩溃。此外，国民党没能有效整合各地军阀以及基层人民。军事上既不能整编各地方军，社会治理方面也不能将国家权力深入至县乡社会，上情不能下达，民众与党派、国家之间无法建立联系，因而民众的政治认同感不高。鉴于国民党并未建立起完善的基层党组织，此时即使财政资源能集中于中央政府，但因其与民众的政治认同感之间不具有正面关联，所以导致国民政府不能有效利用财政与军事资源。

相反，中国共产党在财政构造上形成了新旧两种体制并用的局面。过去革命根据地以农业经济为主要资源，而在占领东北之后，依托东北作为战略大后方，可以充分利用东北的城市工商业资源，并将东北的城市治理经验扩展适用于华北等地区，积极发展生产，繁荣经济。[57] 一方面，集中化的城市工商业经济能够提供大规模军团作战所需的资源；另一方面，共产党对分散的农村地区的动员，如土改政策的施行，使得权力下渗至乡村，能够

---

[55] 参见方书生：《近代中国工业化的渐变与突变》，载《上海经济研究》2022年第7期，第127—128页。

[56] 参见杜恂诚：《民国时期的中央与地方财政划分》，载《中国社会科学》1998年第3期，第184—195页。

[57] 参见王东、魏喆：《解放战争时期中共城市战勤动员研究——以哈尔滨市为例》，载《河北大学学报（哲学社会科学版）》2017年第1期，第79—85页；蔡双全：《解放战争后期中国共产党的城市政策》，载《湖北大学学报（哲学社会科学版）》2004年第1期，第90—93页。

无偿地发动大量民众投入战争。正是由于共产党对新占据的工业资源进行集中调配和规划，并同时对既往分散的农村动员、筹资的把握，使得新旧两种资源得以灵活配置，这与国民党单纯依赖中央预算形成鲜明对比。再加上共产党当时不必承担像国民党那样的全国性的民生事业支出，尤其是"长期实行供给制……实行供给制的人员，第二次国内战争多的时候有几十万人，少的时候也有几万，抗战时期从一百多万增加到几百万，一直到解放后初期，大体是过着平均主义的生活"[58]。因而其财政体制表现出扩张性均衡的特点，据此能满足共产党应对持续不断的国内战争的需求。正如粟裕所说："华东的解放，特别是淮海战役的胜利，离不开山东民工的小推车和大连生产的大炮弹。"[59] 毋庸置疑，共产党最后战胜国民党，并非仅依靠其财政结构的稳定和资源的充足，还需要使其与高度的政治认同感相关联，而后者则是通过土地改革、统一战线以及确立党中央对各根据地和军队的"一元化领导"所实现。[60] 二者的配合使得共产党在资源利用效率上明显高于国民党，从而赢得战争。

因此，在笔者看来，就国共对峙阶段而言，对资源的有效使用才是当时政法体制的第一追求。正如婴儿啼哭首先是为了求得哺育，这是"自然"的追求，其次才是为了役使成人，这是"社会"的目标。[61] 所以政法体制在新中国成立前，其"自然"的目标或第一任务都是在汲取更多资源的前提下，有效利用资源求得生存，维护党的统治。其后才是更为高尚的欲求，即寻求政党

---

[58] 杨超、毕剑横主编：《毛泽东思想史（第3卷）》，四川人民出版社1993年版，第1012页。

[59] 粟裕：《粟裕战争回忆录》，知识产权出版社2005年版，第452页。

[60] 参见中央档案馆编：《中共中央文件选集（第13册）》，中共中央党校出版社1991年版，第426—436页。

[61] 参见[法]让-雅克·卢梭：《爱弥儿（上卷）》，李平沤译，商务印书馆2017年版，第28页。

伦理性。换言之，后者也应当服务或受制于前一目标。这应当是作者在书中需要予以关注的。即使在新中国成立后，解放战争时期的财政体制也深深地影响了社会主义国家构建，比如"一五"计划第一年，邓小平便主导与各省进行政治协商，商议中央应向地方分配多少财政资源，而地方应向中央上缴多少粮食和税。[62] 对资源再分配模式的选择，攸关如何对待央地关系以及如何更好发挥"两个积极性"，其所涉乃是一种政制策略。[63] 再如，对农工业比例的配置，也是后续社会主义建设中的重要一环。前述两个问题皆是毛泽东在《论十大关系》中重点关注的。[64]

另外，理顺央地关系也是完成社会革命的重要一步。新中国成立后的前三十年，我国采取了高度集中的国家体制。横向来看，国家权力延伸至社会的方方面面，包揽了政治、经济、文化、教育诸项工作。从整体上看，资源与决策权力在一定时期内相对集中，意味着高层需统筹社会资源，承担社会资源调配的责任。[65] 在某些历史阶段，高层与基层联系紧密且直接。在社会变革时期，一些传统习俗受到冲击，部分传统文化实践发生了变化。[66] 随着改革开放的推进，中央与地方的关系逐步调整，资源与决策权力逐步下放，行政管理方式也发生了转变。国家行政体系启动结构调整，在强调保持政策连续性的前提下，通过经济体制改革，改善人民生活，缓解社会矛盾，以应对发展过程中的

---

[62] 参见傅高义：《邓小平时代》，冯克利译，生活·读书·新知三联书店2013年版，第54页。
[63] 参见苏力：《当代中国的中央与地方分权——重读毛泽东〈论十大关系〉第五节》，载《中国社会科学》2004年第2期，第46—48页。
[64] 参见毛泽东：《毛泽东选集》第5卷，人民出版社1977年版，第267—288页。
[65] 参见周雪光主编：《当代中国的国家与社会关系》，台湾桂冠图书股份有限公司1992年版，第153页。
[66] 参见阿城：《棋王·树王·孩子王》，江苏凤凰文艺出版社2016年版，第57—111页。

潜在风险。[67] 这种调整，促使学术界从不同角度总结出一些中观治理模式。

然而，不可否认的是，在社会发展过程中，任何治理模式都可能面临挑战。对此，可以从两个方面进行分析。一方面，这种治理模式可能使得高层与基层社会的联系相对间接，从而在一定程度上影响到收集基层意见、及时回应民生诉求的效果。由于层级管理，基层治理的权力在一定程度上由地方行使。同时，考虑到人员产生的方式，以及人民代表大会代表的实际作用，高层与基层社会的直接关联在某些情况下可能受到限制。这意味着，在这种治理模式下，高层与基层社会的联系可能以间接方式为主，高层对基层的直接治理可能存在一定局限。

另一方面，这种治理模式可能导致地方管理出现疏漏，甚至权力运用失当，影响基层治理效果。其一，由于层级管理和目标考核的结合，地方管理人员可能更侧重于对上负责[68]，而非充分考虑当地民众需求[69]。在经济发展目标的主导下，可能存在为了达成目标而忽视民众利益的情况。[70] 其二，地方管理人员可能拥有较多自主权，从而在一定程度上限制信息公开，影响监督机制的有效性。在某些情况下，上级部门可能只能获取地方提供的信息。[71] 这意味着，在这种体系下，基层治理效果可能受

---

[67] 参见萧功秦：《关于新权威主义体制与国家治理问题的若干思考》，载《华中科技大学学报（社会科学版）》2014年第3期，第4—6页。

[68] 参见周雪光：《国家治理逻辑与中国官僚体制——一个韦伯理论视角》，载《开放时代》2013年第3期，第19页。

[69] 参见荣敬本等：《从压力型体制向民主合作体制的转变——县乡两级政治体制改革》，中央编译出版社1998年版，第48—50页。

[70] 参见孙立平：《向市场经济过渡过程中的国家自主性问题》，载《战略与管理》1996年第4期，第70—72页。

[71] 参见张创新、芦刚：《地方政府绩效评估信息失真的成因及其治理》，载《学术探索》2006年第6期，第25—29页；更为生动的描述，请见吴毅关于小镇迎检的描绘，参见吴毅：《小镇喧嚣》，三联书店2007年版，第581—594页。

到影响，而上级部门对地方管理的制约手段可能存在不足。

当然，对于国家行政体系治理方面可能存在的问题，政府一直在积极关注并采取措施。实际上，在行政体系内部，逐步形成了两种主要的改进方式：一种是加强垂直管理，包括对一些重要部门实行垂直管理[72]，以及通过项目化运作等方式[73]，加强对特定事项的管控[74]；另一种是采取专项治理机制，即在发现行政体系运行偏离既定目标或侵犯民众权益时，通过开展专项行动，对行政体系进行调整。[75] 例如，党的十八大以来开展了作风建设、反腐败、纠正错误案件、打击违法犯罪以及行政队伍整顿等行动。

然而，笔者认为，行政体系内部的改进措施在实际效果上可能存在局限性，这为媒体参与社会治理提供了空间。因为这些措施的成效可能不足，意味着行政体系内部自我完善的能力可能受到限制，这为包括媒体在内的外部力量参与社会治理提供了机会。此外，行政体系内部也在不断进行变革。尤其是近年来推行的改革措施表明，治理体系可能发生较大变化，这些变化将对现有的治理模式产生深远影响。其中有三点值得强调：一是司法改革被放在重要位置，二是垂直管理和监察体系的整合，三是中央与地方财政事权和支出责任的调整。从这些改革来看，行政体系将发生明显变化。如果这些改革得到有效实施，相信违法违纪行为将得到遏制，民众也将获得更加公平的权益保障。从国家治理

---

[72] 具体的分割和运作，参见周庆智：《中国县级行政结构及其运行——对 W 县的社会学考察》，贵州人民出版社 2004 年版，第 225—227 页。

[73] 关于项目化操作，参见折晓叶、陈婴婴：《项目制的分级运作机制和治理逻辑——对"项目进村"案例的社会学分析》，载《中国社会科学》2011 年第 4 期，第 127—132 页。

[74] 全国人大于 2006 年修改《中华人民共和国人民法院组织法》，将下放给各省高级人民法院的死刑复核权收回最高法院。

[75] 参见周雪光：《权威体制与有效治理——当代中国国家治理的制度逻辑》，载《开放时代》2011 年第 10 期，第 67—84 页。

发展的角度来看，一方面，通过改革审理制度和强化上级法院的监督职能进行司法改革，有助于打破地方保护主义，促进司法公正；另一方面，垂直管理和监察体系的加强，以及财政事权和支出责任的调整，将重构中央与地方的关系，加强上级部门对地方的制约。这些改革有助于加强政府与民众的联系。从治理模式演进的角度来看，妥善处理中央与地方的关系，是推动社会进步的重要途径。

回到本文开篇所提的自然历程视角下的历史书写，对政法体制的历史生成务必也要严谨全面地予以回溯。尽管笔者深知《政法传统研究》一书是在强化意识形态和法律之关联的目的下进行的有所扬弃的历史描摹，但是作者也在书中提到，我国当下知识传统的杂糅，导致当务之急是整合三种知识传统。因此历史叙事便不能无视社会主义之外的一般性的国家建构对政法体制的影响，应当追求超越革命或现代化叙事的政法历史，大概这才是强世功教授所提倡的大政法法学的应有之义。这也是我对本书的更高期待。

学术专论

在美国宪法中认识政党
——以"白人初选案"为中心的讨论

孙竞超*

太初有美国宪法,而没有政党,宪法反政党。[1] 然而世殊事异,经历了政治现代化和民主化过程,现在似乎已无人怀疑政党在国家政治—法律秩序中的重要性了,以致亨廷顿毫不犹豫地下定论:"无政党国家即保守国家;反政党国家即反动国家。"[2] 宪法的结构稳定,而政党亦长存,那么,如何在一种无政党甚至反政党的宪法情境中认识"政党"呢?

时至今日,美国宪法中也没有出现"政党"字样,我们只能从对宪法的解释中"发现"政党——而诚如联邦最高法院首席大法官约翰·马歇尔所言,解释宪法乃是法官的分内

---

* 孙竞超,南开大学法学院讲师,法学博士,研究方向为美国宪法理论与历史、法社会学。本研究受到中央高校基本科研业务费专项"宪制的表达与实践——以美国建国时代为例"(63212081)资助。

[1] 历史学家霍夫斯塔特提出的"反政党宪法"(a Constitution Against Parties)概念已成为学界描述美国早期宪法与政党关系的一种通说,而"反政党宪法"的成因及美国政党的宪制起源也为政治史、政党理论、宪法学等学科划分出了一个相对统一的问题域。

[2] [美] 塞缪尔·P. 亨廷顿:《变化社会中的政治秩序》,王冠华、刘为等译,上海人民出版社2008年版,第340页。

之责[3]。因此，本文将视线转向政党行动与联邦最高法院的宪法判例，以"白人初选案"为中心，试图梳理与政党初选相关的宪法争议及其解决之道。本文将在初选制度发展，联邦纵向分权以及宪法权利保护三重语境中解读相关案件。首先，考察政党初选与选举权的关系问题；其次，考察最高法院根据《美利坚合众国宪法》第十四修正案，在解释作为"结社权"的初选时所面临的困境；再次，考察联邦最高法院使用第十五修正案，将初选视为"提名权"因而受到宪法约束的解释突围。综合来看，一系列判决一方面奠定了基于政党行动和功能理解其宪法地位的解释框架，体现了法官们的实践智慧；另一方面，强调政党行动的复杂性和不可预见性，该框架本身仍存在解释空间。

需要特别说明的一点是，在国内党法关系研究[4]逐渐升温的背景下，本文的讨论希望提供一种关于党法关系的"域外宪制想象"。然而本文无意于"外国法的某某制度及其对中国的启示"式的研究，而是尝试完成田雷教授所提出的"向历史转向"，强调法律在历史进程中的可塑性。[5] 具体到"白人初选案"的问题，联邦最高法院在最初解释框架中面临的困境及其穷则思变的再创造过程——一种我们今日看来的"无用之学"，才是本文力图呈现的"他山之石"。

---

[3] 参见 McCulloch v. Maryland, 17 U.S. 316 (1819).

[4] 国内党法关系研究实则由来已久，先前主要集中于党史及党内人物思想研究领域。在法学研究领域中，为回应美国学者弗兰克·阿帕汉的书评，苏力教授在2006年发表《中国司法中的政党》一文，首开先河，提出"党国"问题。随后，将"党管"视为一种制度事实，刘忠、侯猛、陈柏峰等社科法学研究者们继续发展了党管司法、党管政法、党管基层治理等方面的研究。党的十八届六中全会分别对全面依法治国和全面从严治党做出战略部署，完成了"四个全面"的战略布局，深化了全面依法治国和全面从严治党的战略内涵，战略部署本身也对学界的"党国""党法"问题研究提出了新需求，一时间，党规与国法关系、党内法规的性质与定位，具体的党内法规等与"执政模式的法治化"的相关研究如雨后春笋般涌现出来。

[5] 田雷：《第二次的相逢——论外国法研究的历史转向及其中国问题意识》，载《探索与争鸣》2017年第4期，第52、54页。

一、前情：政党初选是选举吗？

政党初选大体于20世纪之交登上美国政治的舞台，在一些州甚至要更早些，它的发生和发展自有其合理性。一方面，由于选举权在全社会范围内的扩张，以及公民在进步主义时代越发高涨的政治需求，党内成员不满于政党原有的、由政党精英主导的党团会议（caucus）提名机制，同时认为党员代表大会（party convention）提名须获半数以上代表支持的规则门槛过高，还经常受到党内领导层、派系协商的控制，垄断、腐败、暗箱操作在所难免，他们希望在政党提名公职候选人的过程中发挥更大的（甚至是决定性的）作用。另一方面，鉴于公职选举过程中发生的腐败、暗箱操作甚至是暴力事件，各州开始推行秘密选举、公办选举等改革，逐渐建立了"澳大利亚选票制度"（Australian Ballot），该制度的关键是"选票由政府印制、政府发放，并且只能在指定场所和时间投票，选票始终不能离开投票所（而非之前由政党印制和发放选票、组织选举，并且两党票箱分开）"[6]。直观来看，该制度的确限制了政党对于选票本身的垄断，然而若是考虑到各州出台配套选举法时关于公制选票上候选人资格的规定，我们便会很容易发现，虽然各州垄断了制作选票的权力，但政党却实质上垄断了提名候选人的权力——政党可以通过提名一掌定乾坤，甚至达到弗洛伊德·米切姆（Floyd R. Mechem）所说的"选民们的功能不过是确认党代会的选择结果"[7]的

---

[6] 李少文：《美国两党建立初选制度的原因、过程与效果》，载《当代世界与社会主义》2018年第1期，第138页。需要说明的一点是，笔者在本文中关注的是尚未进行直选改革之前的美国各州初选制度，而初选制度本身在美国的发展几经波折，对此，李少文的文章提供了很好的介绍。甚至到了1977年，总统直接初选问题的可行性、联邦化等问题仍存在大量的争议，也是当时政党制度改革中的主要议题之一。

[7] Floyd R. Mechem, "Constitutional Limitations on Primary Election Legislation," *Michigan Law Review*, Vol.3, No.5, 1905, pp.367. 奥斯汀·兰尼（Austin Ranney）对此的看法则截然相反，他认为，"直接初选无意也没有成为一个使政党变得更强大、更负责的机制。它建立在这样一种信念之上：政党至多算主权人民与其民选官员之间的介入者，最坏的情况是变成诚实和负责政府的贪婪敌人。一言以蔽之，使用初选不是要让好政党变得更好，而是通过夺走它们最重要权力的方式使它们变得不那么坏"。Austin Ranney, *The Federalization of Presidential Primaries*, American Enterprise Institute for Public Policy Research, 1978, p.9.

程度。

　　首先一点，仅从名称上看，政党初选（primary election）当然是一种选举，其中包含着党员在党内的投票行为，体现了政党的意志。但它是一种法定选举吗？认识这一问题离不开对当时初选制度实践的观察，20世纪初的政治理论家们充当了我们的向导。尽管他们认为"初选是否应当被视为一种常规选举，是一个仁者见仁智者见智的问题"[8]，但他们至少得出了三方面的认同点：第一，初选不是法定选举，而是党内提名，然而这项权力事关重大，并不能因为"政党是自愿结社"的抗辩而不受限制，初选权应当逐步实现法定化；第二，参加党内初选的选民对最终的公职选举有影响，因此应当进行资格审查和选民登记，在此意义上的政党不能被单纯视为一种"自愿结社"，而应当是一种政治机关（a political organ）；第三，初选与选举有关，是可以立法规制的对象，而事实上各州行使治安权（police power）立法规制政党初选几乎不会遇到任何宪法、法律或司法的障碍。[9]

　　其次，鉴于初选与选举有关，而在美国，选举权是美国联邦宪法规定的权利，主要涉及宪法第1条第4款，以及内战以后的第十五修正案，进步主义时代的第十七、十九修正案，还有民权运动时代的第二十四修正案，和更晚些的第二十六修正案。其中除第十七修正案与选举的方式有关之外，其他修正案多与扩大选举权范围、减少选举权限制有关，真正涉及联邦制下政府安排选举的分权问题的，只有宪法正文第1条第4款。针对该条款，《联

---

[8] C. Edward Merriam, *Primary Elections: A Study of the History and Tendencies of Primary Election Legislation*, The University of Chicago Press, 1908, pp. 107—108.

[9] 参见 Alonzo H. Tuttle, "Limitations upon the Power of the Legislature to Control Political Parties and Their Primaries," *Michigan Law Review*, Vol. 1, No. 6, 1903, pp. 466—495; Floyd R. Mechem, "Constitutional Limitations on Primary Election Legislation," *Michigan Law Review*, Vol. 3, No. 5, 1905, pp. 364—386; C. Edward Merriam, *Primary Elections: A Study of the History and Tendencies of Primary Election Legislation*, The University of Chicago Press, 1908.

邦论——美国宪法述评》中提出了一种"变通的管理权"的解释：

> 没有人能设计出一套选举法，放在宪法里面，足以适应这个国家的一切形势变化；因此，无可否认，对于选举，应该有一套变通的管理权。我认为，显而易见的办法有三种，可以对这种处置权加以合理变通。一、完全交给全国议会管理；二、完全交给各邦议会管理；三、开始时，由各邦议会管理，最终时，由全国议会把关。制宪会议理性地选择了最后一种模式。他们把规范联邦政府选举的第一步权力，交给地方政府；情况正常，若没有出现什么出格的事情，则既方便易行，又皆大欢喜；但是，他们又为全国政府保留一份权利，若出现意外，使介入显得必要时，全国政府便可插手。[10]

可见，联邦制下，全国政府在管理选举权问题上的权力非常有限，"有限"的表现主要有三：其一，严格将管理对象限定于联邦参议员和众议员的选举，后来才稍微扩大至总统选举，几乎不能插手所有其他选举（除非存在违反平等保护条款或州无视宪法明确规定赋予选举权的情况）；其二，国会立法或改变各州关于选举的规定存在明文限制，即不得更改参议员选举地点；其三，由联邦和各州共享的管理选举的权力不是一种"你管甲，我管乙"式的分权，而是一种"你先管，我后管"式的分权，全国议会的作用类似于司法中的上诉法院，并不直接介入到常规的选举安排中，而且在大多数情况下，应当尊重州的权力，唯有这样

---

[10] [美]亚历山大·汉密尔顿、詹姆斯·麦迪逊、约翰·杰伊：《联邦论——美国宪法述评》，尹宣译，译林出版社2010年版，第408—409页。英文对照 Alexander Hamilton, James Madison, and John Jay, *The Federalist Papers*, Oxford University Press, 2008, p. 292.

才能做到"皆大欢喜"。于是，与选举权相关的初选，便更容易地落入到各州的管理范围之内。

再者，遵循《联邦论》中描述的联邦与州"共管"选举问题的分权结构，在"白人初选案"发生的时代，基于各自在政党初选中的利益，各州与联邦在初选与选举关系问题上也得出了自己的认识，总体上看共识大于差异。共识之一，双方都同意，州在初选问题上存在重大利益。根据《联邦论》，联邦政府在规制选举问题上的利益相当抽象，"每个政府都应该拥有自保的手段""至少在这方面，全体的利益就是全体的安全"。[11] 比较之下，需要安排选举程序、承担选举成本的各州政府的利益则更加具体。共识之二，双方都承认，政党的初选行为是一种新兴的政治事务，联邦宪法对此的规定聊胜于无，而各州宪法也罕有相关规定，对初选的管理属于各州立法机关的自由裁量权，各州的法律规定不同，对政党及政党初选的判断亦不相同。如果还存在第三个共识，那便是：由于各州在此问题上的利益重大以及联邦宪法中的分权安排，双方都同意，各州应当在管理和解释初选问题上发挥主要作用。

上述共识无一不体现在"白人初选案"之前各州及联邦最高法院的判决之中。各州层面上，1916 年 3 月 22 日，得克萨斯州最高法院对"瓦普乐斯诉马拉斯特案"（Waples v. Marrast）[12] 进行宣判。该案与得克萨斯州制定的总统初选法案的合宪性审查有关。首席大法官菲利普斯代表法庭发表意见，霍金斯大法官发表协同意见。首席大法官菲利普斯在判词中一再肯定了州立法机关有权管理政党初选事务，政党初选满足了一定的公共需求，但他认为"政党不行使政府功能。它们不是政府代理人。……为人民

---

[11] Alexander Hamilton, James Madison, and John Jay, *The Federalist Papers*, Oxford University Press, 2008, pp. 291, 265.

[12] Waples v. Marrast, 108 Tex. 5 (1916).

在一般选举中投票提供政党提名人，不是州事务。因为在治理过程中，州不知有政党，也不能知道有政党。……政党是政治机构，它们根本不算政府机构"[13]。在他看来，政党初选的目的不构成得克萨斯州宪法意义上的"公共目的"，因此不能使用州公共税收举行政党初选。在协同意见中，霍金斯大法官认为该案是具有公共重要性的"先锋案例"，通过区分初选的"维持"与"管理"，他进一步明确了首席大法官判词中的"州事务"所指为何，认为即便本案判定相关立法违反州宪，但这并不影响立法机关使用税收来直接支付任何"管理"事宜，而"维持"则不是政党初选的合理花销。[14] 同年，同样是关于州立法管理政党初选问题，西弗吉尼亚州最高上诉法院在"巴尔诉戈尔案"（Baer v. Gore）[15] 中也支持了州的做法。林奇大法官在法庭意见中也着重关注了政党初选与一般选举的区别：

> 在讨论中，必须时刻牢记我们正在处理的仅仅是初选法，而不是一般选举中的选举权。本案不涉及那项权利。选举存在根本性差异。……再者，初选目前是公众焦点，其立法裁量权不受州根本法的任何条款的制约，它们是政府在行使治安权中适当且合理管理的目标。
>
> ……根据许多教科书及判决，一般选举和政党初选之间存在一种重要差别。它们认为政党初选仅仅是提名党团会议或党代会的替代品，不是宪法所使用的术语意义上的"选举"。[16]

---

[13] Waples v. Marrast, 108 Tex. 5 (1916).
[14] 同上。
[15] Baer v. Gore, 79 W. Va. 50 (1916).
[16] 同上。

联邦层面的相关案例并不多见，然而在"白人初选案"之前，联邦最高法院往往紧跟各州法院的脚步，尽最大可能地尊重州的政党初选立法裁量权。仅在上述州法院判决后一年，联邦最高法院就在"合众国诉格拉威尔案"（United States v. Gradwell）[17]中认定国会选举行为受到各州的控制和管理，同时认定联邦刑法典第19条不适用于各州的提名初选，因为竞选者的权利完全来源于州法。该案中，克拉克大法官回顾了联邦立法规制相关选举行为的立法史，认为国会直接介入选举立法是一种"非常状态"，而"不能合理认为候选人通过政党初选谋求合众国参议院提名的权利之依据是联邦宪法和法律。他们依据的完全是州法，联邦立法中没有此类规定"[18]，故而克拉克大法官主张恢复到该条款下原先的"分权常态"：

> 尽管国会从政府组织中获得了管理国会选举行为的权力，但我们在该问题上的立法史表明，政府组建后128年的时间里，其政策都是将这些管理权完全留给国会议员所代表的各州，其中只有约24年例外。在多于50年的时间里国会没有采取任何行动，直到1842年立法规定按照选区选举众议员，摆脱了一些州内普遍实行的、使用一张选票选举所有州的联邦议员的做法。
>
> 接下来的24年时间里，国会针对选举合众国参议员的时间和方式采取了更多的行动，直到4年后的1870年，国会第一次针对选举立法创制了一个复杂的系统。……这些法律扩展了对于国会选举行为的管理。……
>
> ……在这24年的经验之后，针对此种选举，国会恢复了

---

[17] United States v. Gradwell, 243 U.S. 476 (1917).
[18] 同上。

它先前的态度。除少数与此无关的例外条款之外，此类法律被废除实属正常。……

诚如我们所见，从政府建立之初流传至今，除了这24年，委托州的官员依据州法管理选举的政策是由宪法的制定者们提出来的，也被批准宪法的人们经过深思熟虑后接受了。[19]

克拉克大法官对于初选与选举关系的处理就显得很简单了，因为希望恢复到先前的传统中，尽管对联邦最高法院没有强制约束力，他仍然承认了许多州最高法院的判断，认为提名初选不是宪法意义上的选举权。而在与政党初选更为相关、时间上也更靠近"白人初选案"的"纽贝里诉合众国案"（Newberry v. United States）[20]中，麦克雷诺大法官以一种颇为形象的说法——"出生必须在前面，但它既不是葬礼的一部分，也不是成神的一部分"[21]——进一步阐明了初选与选举的关系，同时认为"不应忘记，通过实施固有治安权，州可以压制与初选或党代会相关的任何恶行"[22]，充分给予各州信任和尊重。该判决也可被视为在"白人初选案"之前，联邦最高法院在初选权问题上的明确态度了。

总结来看，政党初选当然不是选举，然而政治理论家、各州政府及联邦最高法院给出的答案要远比这个否定句复杂。对"初选是否是宪法意义上的选举"这一问题的追问贯穿初选制度早期实践以及"白人初选案"系列案件的发展始终，成为政党、各州与联邦政府之间最重要的争议点之一——可以说，该问题的答案

---

[19] United States v. Gradwell, 243 U.S. 476 (1917).
[20] Newberry v. United States, 256 U.S. 232 (1921).
[21] 同上。
[22] 同上。

决定了宪法辩论的策略，甚至相应策略的成败。因此，笔者必须做出"善意的提醒"：我们在后文的讨论中将反复听到与这个问题相关的回响，一些立场坚定，一些略显模糊，也有一些发生逆转。为了更好地理解这些"回响"，我们有必要牢记本部分中关于该问题的一些初始讨论。

二、自缚：将初选理解为"结社权"

"白人初选"主要指的是美国当时一些南部州中，政党排斥黑人参与初选而引发的法律争议，如今人所见，美国重建时代及之后的南部各州从未停止过剥夺、侵犯黑人民权的行动。尽管有联邦宪法第十四修正案所规定的"平等保护"，南部各州仍然可以通过"吉姆·克劳法"等规定实现一种所谓"隔离但平等"的黑白分治，进一步限制黑人的经济和社会权利。对黑人更为"釜底抽薪"的压制政策是以剥夺选举权的方式将他们排斥在政治之外。换言之，尽管有联邦宪法第十五修正案保证黑人的选举权，南部州仍然利用选举人头税、识字测试、选票稀释或种族选区划分等方式不承认黑人是"我们人民"的组成部分。与这里提到的几种剥夺选举权手段相比，因为"初选"本身性质的模糊性，在南部民主党一党独大、州立法机关对初选拥有很大自由裁量空间的情况下，"白人初选"就成了一种有效规避联邦层面的合宪性审查，同时最大限度杜绝黑人公民参加选举可能性的手段。

"白人初选案"主要与联邦最高法院在 1927 年至 1953 年间对得克萨斯州管理初选及得克萨斯民主党初选的合宪性审查相关，审查主要围绕 1923 年得克萨斯州立法增补修订的得克萨斯州民法典 3093a 条[23]展开，随后得克萨斯州及得州民主党为了与

---

[23] 该条款规定如下："所有根据得克萨斯州宪法和法律具备选举人资格，且是民主党合法成员者，在该选民遵守所有规制政党初选的法律和规则的情况下，应当具有参与任何民主党党内初选的资格；然而，在任何情况下黑人都不具有参与在得克萨斯州内举行的民主党党内初选的资格，此类选票应当无效，选举官员有权剔除选票并不计入投票数。"

联邦最高法院"斗法"、规避审查，几次对该条款做出修订和辩护。在接下来的两部分中，本文将先集中分析在 1944 年"史密斯诉奥莱特案"（Smith v. Allwright）[24] 之前的一系列案件中，联邦最高法院根据"平等保护"原则审查州法时的论证方式及其在面临第一修正案结社权时遇到的困境，然后聚焦于史密斯案的判词，详细分析联邦最高法院转变审查思路的过程，兼论转变思路后联邦最高法院在 1953 年"特里诉亚当斯案"（Terry v. Adams）[25] 中对于政党初选行为的解释。

1927 年的"尼克松诉赫恩东案"（Nixon v. Herndon）[26] 实际上不是联邦法院第一次接触与得克萨斯州 3093a 条合宪性相关的白人初选问题。早在该案三年之前，位于得克萨斯州圣安东尼奥分区的联邦区法院就在"钱德勒诉奈夫案"（Chandler v. Neff）[27] 中发起了针对 3093a 条合宪性的审查。上诉人主张该条款同时违反了联邦宪法第十四修正案的"特权及豁免权"条款及"平等保护"条款，以及第十五修正案关于有色人种选举权之规定。然而仅从判决结果来看，似乎联邦法院在该问题上的开局就不够漂亮。韦斯特法官在判词中并没有直接回应原告诉求，反而是逐一回答了被告的辩护，他首先回应了被告提出的管辖权问题，然后顺着被告的思路，开始审查该条款是否违反"特权及豁免权"条款以及第十五修正案，完全忽略了原告对"平等保护"条款的审查诉求，而将问题简化为：初选是否是合众国宪法第十四、十五修正案意义上的选举。通过对得克萨斯州的法典进行系统解释，同时援引包括瓦普乐斯案、纽贝里案等与初选立法相关的案例，韦斯特认为，该州立法权威直接表明初选不是"选举"，仅仅是

---

[24] Smith v. Allwright, 321 U. S. 649 (1944).
[25] Terry v. Adams, 345 U. S. 461 (1953).
[26] Nixon v. Herndon, 273 U. S. 536 (1927).
[27] Chandler v. Neff, 298 F. 515 (1924).

一种提名机制，属于州的治安权管辖范围；而第十四修正案中的"特权及豁免权"指向的是合众国整体，因此原告主张自己被侵犯的——参与一个政党组织的初选的权利，不是此种特权；同时，因为初选不是"选举"，得克萨斯州也并没有侵犯原告的选举权，综合看来，3093a 并没有违反联邦宪法第十四、十五修正案。

正是在联邦最高法院解释初选问题相当被动的情况下，1927年，因为得克萨斯州一位名为尼克松的黑人诉讼主张参与初选权，才使得联邦最高法院终于有机会展开违宪审查，"尼克松诉赫恩东案"史称"白人初选第一案"。与钱德勒案一样，上诉人同时主张联邦最高法院在第十四、十五修正案的支持下展开违宪审查，然而当时仍处于"洛克纳时代"，联邦最高法院严格审查的对象集中于州经济立法上，还无暇顾及类似初选这样的问题，故而"伟大的异议者"霍姆斯大法官代表全体法官发表法庭意见，认为这是一个"容易的案件"，"不需要考虑第十五修正案，因为对我们而言很难想象出一种更为直接和明显地对第十四修正案的侵犯"[28]，用短短三个自然段的篇幅就完成了整个第十四修正案支持下的审查：第一段简述案情，强调上诉人的私利受到侵害（损失达到 5000 美元），因此"反对意见认为诉讼主要问题是政治性的，这不过是在玩弄文字游戏"[29]；第二段详述上诉人的私利损失；第三段才是违宪审查，霍姆斯强调第十四修正案平等保护条款的立法意图，认为 3093a 明显是法律上的歧视，因而违宪。

从判决效果来看，霍姆斯大法官是在"就事论事"，只关注州立法的合宪性，不关心政党在初选中的行动本身。而判词中的"直

---

[28] Nixon v. Herndon, 273 U. S. 536 (1927).
[29] 同上。

接和明显"甚至启发了得克萨斯州的立法机关——是否不那么"直接和明显"的立法，比如给予州内民主党更多的自主权便可以继续维持"白人初选"呢？在尼克松案不久，州立法机关颁布新法[30]，替代3093a条款，同时，州内民主党形成政党决议[31]，响应州的"变法"，继续剥夺黑人的初选权。在此情形下，走投无路的同一位尼克松于1932年再次向联邦最高法院提起诉讼，这便是"白人初选第二案"。这一次接待他的已不是"战斗英雄"霍姆斯，而是当时"全美最聪明的法学家"卡多佐，巧合的是，后者于1932年接替了年迈的霍姆斯担任联邦最高法院大法官。

卡多佐试图跳出霍姆斯"就事论事"的判断，因为问题已经不像第一案中那样"直接和明显"，他不得不将视线转向政党的初选行动本身，试图在"联邦—州—政党"框架下讨论问题，取代霍姆斯简单的"联邦—州"讨论框架。同样与政党初选有关，同样只审查了第十四修正案[32]，霍姆斯的审查思路依然是单纯的对州立法的表面审查，不涉及州内一党制下的"党政关系"，审查甚至也无关于"党宪关系"，而卡多佐的思路加强了对州立法的审查强度，同时直接触及了一党州内的"党政关系"问题。

针对得克萨斯州提出政党具有"固有权力"（inherent power）的辩护，卡多佐试图从"固有权力"出发，同时指明初选问题上州与政党的"捆绑关系"：首先，不否认也不肯定政党决定自己党员的固有权力，卡多佐强调政党初选是一种由州立法规制的行

---

[30] 替代3093a的法条规定：本州内的每一政党应有权经由其州执行委员会规定其自身成员资格，同时应有权以自己的方式决定何人有资格投票或参与该政党；不应因先前政治观点或倾向，或因在其他非政党组织中的成员或非成员资格而被剥夺参与本州初选的权利。

[31] 民主党州执行委员会通过的决议规定：所有在得克萨斯州宪法和法律下具有资格且同意修订得克萨斯民法典3110条款立法约定的白人民主党人，有权参加1928年7月28日和1928年8月25日举行的政党初选，其他人除外。

[32] 尽管卡多佐大法官在判词中强调——"在给定情形中，政党或其委员会是否是第十四或十五修正案下的政府代理人将由本法院自己来决定"，但在本案中，他也只是发起了宪法第十四修正案下的审查，没有审查第十五修正案下的合宪性问题。

为，"如果有任何提名的话，很多情况下都是立法规定的政党初选提名"，在这些情况下，政党及其代表成了"公职权力的保管人……他们现在是州的代理人（agencies of the State），是使政府变成活物（a living thing）的机构"。[33] 其次，得克萨斯州民主党是否完全由自愿结社变成了州代理人的问题先不论，卡多佐援引詹姆斯·布赖斯（James Bryce）的《现代民治政体》（Modern Democracies）一书指出，决定党员资格的固有权力在于党的州代表大会，而不是执行委员会，民主党州执行委员会只是一个执行机构，它在本案中的权力来源于一项州法，而不是政党意志和信条，"授予的权力是法定的，不是固有的"[34]。再次，通过精细区分一系列涉及政党功能和固有权力的案例，卡多佐向被告做出些许让步，认为地方法院还没有解决执行委员会的固有权力问题，在本文第一部分中已经由政治理论家、州法官甚至联邦法官确认过的、州规制初选的权力也不能被看成是以"破坏政党组织基本前提的方式"[35] 解决政党的固有权力问题。最后，卡多佐将整个案件的争议归结为：

> 当这些代理人被赋予一种独立于以其名义发言的团体意志之外的权威时，他们在某种程度上变成了州本身的机构，成了公职权力的存放处。当他们组织并规制政党以满足政府自身创建或存续的目的时，他们是政府的人。当他们在那样的关系中行事时，他们必须遵守每个地方约束公职人员的平等和自由的命令。……难点不在于执行委员会成员是否是其被委托人在严格意义上的州代表，而在于他们在此程度上是否被视为一个州的代理人，以及在此意义上联邦宪法的伟大

---

[33] Nixon v. Condon, 286 U.S. 73 (1932). 正文后文中统称"康顿案"。
[34] 同上。
[35] 同上。

约束是否能够为他们的行动设限。[36]

至此，经过霍姆斯指路，卡多佐补充，笔者将根据宪法第14修正案审查"白人初选"的逻辑框架表述如下：

```
第14修正案：

    联邦 ——审查—— 州 ——授权—— 政党（州代理人/固有权力行使者）
```

事实上，卡多佐大法官治州代治党的思路很快得到了下级联邦法院的积极响应。就在康顿案判决后不久，得克萨斯州休斯敦分区的联邦区法院就将康顿案视为有效的先例，对"怀特诉郡民主党执行委员会案"（White v. County Democratic Executive Committee）[37]做出了判决。尽管在怀特案中，确实存在类似于马歇尔大法官在著名的马布里案中遇到的情况，即违反宪法，但原告要求法院发布训令（mandamus）给州的行政官员已超出了法院的管辖权范围，法院不得不撤销此案，区法官肯奈利依然遵循卡多佐的第十四修正案审查框架发表了法庭意见，认为郡民主党执行委员会的决议确实违反了平等保护条款。经过对与政党有关的得克萨斯州立法及判例的考察，他甚至在判词中引用《圣经》故事痛批得克萨斯州民主党的做法。他认为："有多于25年的时间，得克萨斯州的民主党一次又一次地接受州赋予的权力，交出它自己的固有权力，并且促成了限制其固有权力的立法……该党几乎没有任何管理其政党事务的裁量权。不像摩西——他拒绝将自己看成是法老

---

[36] Nixon v. Condon, 286 U. S. 73 (1932).
[37] White v. County Democratic Executive Committee, 60 F. 2d 973 (1932).

女儿的儿子,得克萨斯州的民主党,在长达 25 年的时间里,选择成为得州的孩子和代理人,抛弃了自己的固有权力,并选择在州赋予的权力下开展自己的事务。"[38]

然而,卡多佐解释框架的问题也随着得州民主党党代会的对抗策略暴露出来。首先是怀特案中已经体现的问题,即在初选案中,联邦最高法院提供的只是一种"事后救济",须等到初选结束、私人法益实际受到侵害时才启动审查权,面对上诉人要求发布训令纠正州官员行政行为的诉求时就显得十分无力。更为严重的缺陷在于解释框架本身。我们已经清楚看到,卡多佐的策略是通过"州代理人"的解释将州与政党捆绑在一起,用对州行为的审查名义而行审查政党行为之实,然而他又谨慎地做出区分,拒绝进一步说明政党到底在何种程度、何种情形中属于"州代理人",这就使得"州—政党"的捆绑关系并不牢靠,一旦州或政党试图将自己从该关系中摘出来,联邦针对政党行为的审查便无法进行。怀特案中,州政府利用了第一个漏洞;而康顿案宣判于 1932 年 5 月 2 日,就在 22 天后,民主党的州党代会便通过了与执行委员会决议类似的白人初选决议[39],得克萨斯民事上诉法院几乎马不停蹄地于同年 7 月 28 日审判了与该党代会决议相关的初选权案件[40],判词中多次援引卡多佐在康顿案中的判词,审判顺着卡多佐的思路展开:卡多佐认为执行委员会没有体现政党意志,在决定党员资格问题上不具备固有权力,应该由党代会说了算,而此处恰好是党代会做出的决议;再者,卡多佐认为执行委员会在此种情形中成了州的代理人,应该受到联邦宪法和法律的约束,而此处党代会决议恰恰撇清了党与州政府之间的瓜葛。

---

[38] White v. County Democratic Executive Committee, 60 F. 2d 973 (1932).
[39] 决议内容如下:所有州内白人公民,有资格根据宪法和得克萨斯州法律投票者,应当有资格成为民主党党员,因而有资格参加政党初选。
[40] County Democratic Executive Committee v. Booker, 53 S. W. 2d 123 (1932).

怀特案的判决没有引起足够的重视，仅仅三年后，联邦最高法院就不得不再次面对白人初选问题的审查，而这一次，联邦最高法院沿用卡多佐的第十四修正案解释框架，以法庭一致意见宣布上诉人——一位黑人选民，不能参加民主党初选。"格洛维诉唐森案"（Grovey v. Townsend）[41] 充分暴露了卡多佐解释框架的上述缺陷，据说，败诉的理由可归结为"法律依据不足"[42]，得克萨斯州也正是利用此种"不充足"撇清了政府与政党之间的关系，使得排斥黑人参加初选的行为纯粹是一种政党行动，不构成卡多佐所说的"州代理人"的州行动，实现了"以子之矛攻子之盾"。

罗伯茨大法官代表法院发表一致意见，只同意对党代会的决议做表面审查，并一一驳斥了上诉人的五点主张。第一，罗伯茨拒绝了上诉人将康顿案作为先例的推理，认为尽管上诉人援引一系列案例和得州立法试图证明政党初选是一种州行动，但他援引得州法律，强调此种初选同样是一种政党的初选，政党负责记票和选举，州则承认党代会是政党宣布原则和形成政策的机构，在此意义上，州并没有侵犯政党的固有权力。第二，通过区分案例中的具体情况，罗伯茨认为法院没有在上诉人提出的"洛夫诉威尔考克斯案"（Love v. Wilcox）[43] 中涉及党代会决定党员资格的审查问题。第三，针对上诉人认为民主党党代会决议只是州的造物，不能非法地完成联邦宪法禁止其造物主做的事，罗伯茨认为，由于缺乏明确法律条款和适当先例，联邦最高法院还没有做

---

[41] Grovey v. Townsend, 295 U. S. 45 (1935).

[42] 就在1935年案子发生之后，威克斯在论述白人初选案缘起、原则和发展时认为这一事实至关重要，但同时强调本案中得克萨斯州规制初选问题的特殊性，根据得州法律，州政府资助并管理政党初选，这在其他大多数白人初选州是不存在的，据此，得州政党初选问题中的"党政关系"事实上结合得更为紧密。O. Douglas Weeks, "The White Primary," *Mississippi Law Journal*, Vol. 8, 1935, pp. 135—153.

[43] Love v. Wilcox, 119 Tex. 256 (1930).

好审查得州党代会是否是州代理人的准备。第四，针对上诉人所说的得州民主党初选结果往往相当于最终的选举结果这一有目共睹的事实，罗伯茨认为这是有意混淆党内成员特权与公职投票权，继续坚持本文前面已经提到的对初选性质的认识，罗伯茨认为前者与州无关，后者才是受到联邦宪法约束的、关乎州自身利益的选举行为。第五，上诉人认为州民主党仅仅是国家民主党的一部分，国家民主党并没有做出排斥黑人初选的决议，罗伯茨对此不予审查，但退一步讲，即便支持上诉人的说法，也只能说明州党代会作为一个州结社的代表和代理人，僭越了代表更大且更高的全国结社的国家党代会的权力，无法证明包括上诉人在内的黑人的选举权因此受到影响。

至此可以稍做小结：在选举问题上，联邦政府一直保持着放权并尊重州政府在规制选举问题上的利益和立法的态度，而对于一州内部的政党初选，联邦最高法院更是鞭长莫及。"白人初选案"使得法院首次有机会审查相关问题，从效果上看，由霍姆斯启发、卡多佐打造的第十四修正案解释框架起初是比较成功的，通过判定政党在特定情境中成为"州代理人"，将政党行为与州立法绑定在一起，利用绑定后的党政关系开展党宪关系层面上的违宪审查。然而这一解释思路也存在固有的薄弱环节：解释的重中之重在于认定政党行为是"州行动"，但基于当时对政党和政党初选的普遍理解，联邦最高法院不愿意针对政党行为本身启动更高强度的审查，可谓"成也萧何败也萧何"——一度成为解决问题有效办法的解释框架反而成了联邦最高法院的自缚锁，使得其在白人初选问题中对黑人权利的维护陷入困境。

三、突围：作为"提名权"的初选

尽管迈克尔·克拉曼（Michael Klarman）更为关注"白人初选案"造成的社会影响，他也在论述中认为康顿案留下了一个未解决的问题，即当州无法改变政党"自然"的决策机构时，宪法是否可以阻止政党排斥黑人党员？在他看来，格洛维案则是一个"糊涂而难解的判例"，罗伯茨大法官在判词中向州规制政党初选的所有方式均做出了让步。[44] 负责将白人初选案件送入联邦最高法院的美国有色人种协进会（NAACP）认为格洛维案"完全是不可挽回的错误"，并坚持不懈地试图劝说大法官们重新考虑他们的判决。[45]

在另一个与白人初选有关的案件进入联邦最高法院之前，与联邦规制政党初选相关的一个全新的案件进入人们的视线，也直接影响了联邦最高法院在后续白人初选问题上的判断和推理走向。1941年，联邦最高法院先用"合众国诉克拉斯克案"（United States v. Classic）[46] 彻底推翻了上文提到的纽贝里案。克拉斯克案与审查路易斯安那州记票官员的欺诈行为有关，斯通大法官代表法院意见认为，根据该州关于初选及制作一般选举选票的安排，"路易斯安那州的政党初选是大众选举国会议员程序不可或缺的一部分。具备资格的选民在路易斯安那州的国会初选中投票并记录选票的权利是参与该选择的权利"，而根据联邦宪法第1条第2款，人民选择的权利是宪法创设并保护的权利。通过考察制宪之前以及制宪时代的选举模式，斯通强调选举不过就是"有资格的选民对他们选择候选人的一种表达"[47]，即选举本身就是一种提名。针对本案路易斯安那州立法对于初选的影响，斯通认为：

当州法使得政党初选成为选举程序不可或缺的一部分时，

---

[44] 参见 Michael J. Klarman, "The White Primary Rulings: A Case Study in the Consequences of Supreme Court Decisionmaking," https://papers.ssrn.com/sol3/papers.cfm?abstract_id=270086, 检索日期：2023年7月5日。

[45] 转引自同上。

[46] United States v. Classic, 313 U.S. 299 (1941).

[47] 同上。

或者当初选实际影响了选举时，选民将自己的选票计入初选结果的权利就在第1条第2款规定保护的权利之中。并且根据法律规定，当初选变成选举机器不可或缺的一部分时，无论是在经常性、非常规亦或非议员选举中，选民的参与权都与选举中的投票权一样受到保护。……再者，我们不能对已经发生的事实视而不见——即使不存在有效的宪法禁令来抵制通过初选剥夺选举权的行为，初选中选择候选人的权利或许已经深深地影响了一般选举中的候选人名单。[48]

更有甚者，认为"词句，特别是宪法中的词句，不应被赋予如此令人沮丧的狭义解读"，斯通大法官聚焦于初选与选举的关系，直接将判词的效力延伸至联邦对于政党初选的规制上：

以明确允许并基于宪法目的的方式解读，第1条第2、4款中的词句要求我们将构成选择国会代表选举候选人必要环节的、且在本案情形中控制该选举结果的政党初选看成是宪法条款意义中的选举，举办此种选举受到国会规制。[49]

因为路易斯安那州和得克萨斯州在初选问题上的法律规定不同，斯通在判词中强调了克拉斯克案与格洛维案的区别——与格洛维案不同，克拉斯克案完全没有提到关于宪法第十五修正案的审查，第十四修正案的审查也是寥寥数语。但是显然，斯通在克拉斯克案中关于选举权的说法直接与第十五修正案相关，他在撰写克拉斯克案法庭意见时，总会想起格洛维案的判决，这一点已

---

[48] United States v. Classic, 313 U.S. 299 (1941).
[49] 同上。

被比克斯比关于克拉斯克案的研究证实。[50] 而两年后出现的"史密斯诉奥莱特案"（Smith v. Allwright）[51] 恰恰是为了调和格洛维案与克拉斯克案之间的"一种要求承认的不一致"[52]。

根据克拉曼的研究，史密斯案除了与上述判例不一致的法律问题相关，还与若干社会和国家重大变革有关。[53] 首先是罗斯福总统完成了对联邦最高法院的改造，在改造后的联邦最高法院中，克拉斯克案的主笔人斯通大法官改变了自己在格洛维案中的立场，而另一位仅存的参与格洛维案审判的罗伯茨大法官（也是该案的主笔人）则在史密斯案中坚持异议，但异议意见也基本不涉及史密斯案的推理过程，而仅仅强烈指责联邦最高法院推翻一个由全体法官一致同意的先例的做法是"使本法院的判决与'仅限当日当次有效'的火车票别无二致"[54]。其次，克拉曼提到，尽管判词或任何法庭记录中都没有提到战争的重要性，但史密斯案要放在"二战"背景中理解，因为黑人士兵与白人士兵一样流血牺牲，法官们"必须为改善美国民主虚荣的伪善而做出他们的贡献"[55]。使史密斯案成为一个容易案件的另一原因是政策和舆论风向，据克拉曼证实，大多数美国人乐于接受该案的判决结果：一方面，北部国会议员致力于推翻限制黑人投票权的人头税，没有理由认为北方人在废除白人初选问题上存在异议；另一方面，甚至南部的白人也开始不再固执于保持白人政治至上地位了，他们转而关注于与黑人之间的社会隔离，比如同时期的布

---

[50] 参见 David M. Bixby, "The Roosevelt Court, Democratic Ideology and Minority Rights: Another Look at United States v. Classic," *Yale Law Journal*, Vol. 90, 1981, pp. 792—812.
[51] Smith v. Allwright, 321 U. S. 649 (1944).
[52] 同上。
[53] 同 [43]。
[54] Smith v. Allwright, 321 U. S. 649 (1944).
[55] 同 [43]。

朗案[56]。

在陈述了史密斯案的案由之后，里德大法官在判词中分两步走，先破格洛维案，再立克拉斯克案。首先，他细致地考察了得克萨斯州宪法和法律中关于选举和政党初选的相关规定[57]。通过对得州最高法院判例的梳理，里德明确了该州关于政党性质的主张，亦即本案中被告反复强调的立场，即政党是一种"自愿结社"。据此，党代会决议表达的仅仅是一种私人团体的意志，与州规制政党初选无关，进而不能被判定违反联邦宪法，这也是格洛维案中的推理依据。而史密斯案也与格洛维案一样，面对的是1932年5月24日由得州民主党党代会做出的排斥黑人参加政党初选的决议。在澄清了本案被告基本立场和推理思路的基础上，里德开始回顾联邦最高法院在白人初选问题上曾经做过的判决，将联邦最高法院的理解带入问题之中。

里德敏锐地指出，联邦最高法院在史密斯案之前的判例中总是会遗留一些有待未来讨论的问题，如在"白人初选第一案"中，原告曾提出被告行为同时违反第十四、十五修正案的主张，而联邦最高法院只审查了与第十四修正案有关的部分；之后联邦最高法院与州的立法机关斗智斗勇，到了"白人初选第二案"时，"得州政党拥有固有权力，'不受任何法律约束'地决定其成员的问题成了一个未决问题"；而到了格洛维案，联邦最高法院认为州执行委员会的决议与州党代会的决议的性质之间存在不同成了该案的关键问题，据此，联邦最高法院认为此种情况中政党初选剥夺黑人初选权不违宪，只有州举办普选剥夺选举权才是违宪的，然而这样的判决没有为"宣布郡官员因为不符合党员的种

---

[56] Brown v. Bd. of Educ., 347 U.S. 483.
[57] 事实上，为了节省判词正文篇幅，里德大法官在本案判词中加了一个长长的脚注，详细列出了得州相关的法律规定和法院判例。Smith v. Allwright, 321 U.S. 649 (1944), footnote 6.

族资格而拒绝发放选票违反上诉人宪法第十四、十五修正案权利"[58] 留下任何的依据，亦即存在本文在前面已经指出的情况，联邦最高法院在解释相关问题时陷入了"自缚"的境地。

在无法通过司法解释将政党与州捆绑在一起进行审查的情况下，里德认为，克拉斯克案另辟蹊径，修订、补充了先前遗留下来的一些亟待解释的问题，特别是修正了自纽贝里案以后再无人问津的政党初选性质问题，为联邦最高法院争取到了解释宪法的空间。通过将选举中州和政党的实际行为解释为选举"不可或缺的一部分"，克拉斯克案对于"解释宪法是否允许将黑人排除于政党初选问题产生了明确的影响"，里德在此处强调，克拉斯克案的推理不是要改变格洛维案中推理框架的基本原理，即卡多佐曾经推动的将州与政党紧密捆绑在一起进行审查的努力，在这一点上几个白人初选案的解释目标一致，而是改变了一种捆绑策略、一种理解党政关系的方式，即聚焦于行动本身在整个政治程序中的位置。

也就是说，克拉斯克案以前的策略是想方设法证明政党对于州的依附关系，证明政党的行动是一种"州行动"，而在克拉斯克案提供的解释中，州与政党各承担了选举程序中的一部分功能，政党负责提名，州负责组织选举，虽然仍需证明政党的行动具有一种"州行动"的属性，但二者的关系更像是合作者之间的关系，政党行动相较于州而言具有了一定的独立性。

正是基于上述新理解，里德认为应当接受克拉斯克案的基本原理，将视线聚焦于宪法第十五修正案的解释，借助克拉斯克案理解该条款中的"选举权"，同时通过他手上的史密斯案进一步修正联邦最高法院对于该条款中"任何州"的理解。基于宪法第十五修正案，他在史密斯案判词的后半部分中提出了一个全新的

---

[58] Smith v. Allwright, 321 U.S. 649 (1944).

解释框架，可简略表示如下：

```
第 15 修正案：

                    确认
    联邦    ─────────    选举权       ┌ 政党初选（提名）
  （黑人选举权审查）   （州行动合宪）   │      +
                                      └ 州管选举（确认）
```

应用这一全新解释框架，里德首先审查了得州政党初选的组织情况。他指出，得克萨斯州向符合政党初选资格的选民征收人头税，立法直接规定州内所有政党官员的产生办法以及制定州的相关法律规制政党初选，并且州法院在竞争性选举以及发布训令强制政党官员履行法定义务问题上拥有排他性的初审权，据此可判定，"就政党决定政党初选参与者来说，这一甄选政党提名人以便纳入普选选票的法律体系使得按照这些立法指示行动的政党成了州的代理人……这是第十五修正案意义上的州行动"[59]。而在史密斯案中另外值得注意的一点是里德大法官的"造法"意识——他实际上意识到了本案所创设的解释框架对于终结白人初选争议的重大意义，而也正是感受到了这种意识，才有了罗伯茨法官愤愤不平的异议[60]。里德认为，在新的解释框架中，对于作为"州行动"的政党初选功能应与政党决定党员资格的功能区别开来，前者受到第十五修正案的约束，而后者"不是州关心的问题"[61]。他为自己和参与法庭意见的其他法官辩护称，他们没

---

[59] Smith v. Allwright, 321 U.S. 649 (1944), footnote 6.
[60] 在颇为严谨的法律推理之后，罗伯茨大法官终于在异议意见的最后一个自然段中，挑出判例事实本身抒发了自己对于联邦最高法院当时"造法"频仍的不满，他说："在一个疑窦与困惑丛生的时代，在一个最需要思想和目标的坚定性的时代，被期待在判决中展现连续性，甚至在面对当前的低迷和意见的泛滥时保持坚定的本法院，现在自己变成了公众对于我们机构稳定性之新疑窦与困惑的增殖场，这真是令人唏嘘。" Smith v. Allwright, 321 U.S. 649 (1944).
[61] Smith v. Allwright, 321 U.S. 649 (1944).

有忘记要在宪法问题上维持判决的一致性，但同时辩称先前的判例中存在错误，本案的"造法"无可避免，也像任何为法官造法辩护的法官和法学家一样，他将自己在史密斯案中的"造法"理解为"运用权力重新检查法院宪法判例的依据"[62]。在他看来，格洛维案错在没有直接适用宪法原则，而是适用从宪法解释中延伸出来的原则作为判案依据，而史密斯案直接启用宪法第十五修正案牢固建立起来的原则，直接保护了黑人被州侵犯的选举权，是更为正确可行的做法。

本部分展示了联邦最高法院在白人初选问题上通过改变解释框架实现突围的过程。而结合当时的社会和政治条件来看，诚如克拉曼所言，史密斯案不啻在南部政治领域内发起了一场种族革命。尽管他指出史密斯案没有克服深南乡村地区黑人的投票障碍，并认为只有国会的介入才能确保所有的南部黑人与南部白人一样拥有参与政治的权利，而这一过程要等到20世纪60年代的民权运动时才会发生。[63] 笔者在此处希望强调的一点在于，史密斯案的解释框架的确在解决白人初选的宪法解释以及更具社会意义的白人初选问题时起到了关键性的作用，也正是以此案作为先例，联邦最高法院在1953年针对得克萨斯州"杰博民主党预初选"（Jaybird Party pre-primary election）的合宪性审查中才能游刃有余，在"特里诉亚当斯案"（Terry v. Adams）[64] 中，联邦最高法院判定在"预初选—初选—选举"整个程序中排除黑人同样违反宪法第十五修正案。至此，州和政党都无法再通过固有权力和结社权作为辩护依据来剥夺黑人参与政党初选的权利，至少在法律上，以剥夺初选权的方式干预黑人参政的计划宣告破产。

---

[62] Smith v. Allwright, 321 U.S. 649 (1944).
[63] 同 [43]。
[64] Terry v. Adams, 345 U.S. 461 (1953).

待续：解释框架的延伸问题

毫无疑问，在美国宪法中认识"政党"是一件充满智识挑战的事：对美国宪法及其所创设的一种宪法秩序来说，政党是一种"必要的恶"，作为政党行动的初选更是一种"舶来品"，如何理解初选制度本身的发生、发展及功能构成了第一重挑战；结合美国的宪制结构及两党制语境，如何在联邦制纵向分权结构中"摆正政党的位置"，如何把握规制初选的同时保护"我们人民"结社成为政党的权利之尺度，则构成了第二重挑战；"白人初选案"还为上述挑战蒙上了一层政党政治—身份政治的色彩，使得上述问题不单是一种学术上的探究，更成为一种"界定我们是谁"意义上的根本性问题。所有这些问题都汇聚于法院判词、对判例发展的追踪以及相关政治科学理论之中。然而无论是将初选解释为选举权的一部分，还是将其视为一种纠集政党意志的"固有权力"，问题的关键都是将初选视为一种政党行动，进而需要通过一种与宪法有关的实践智慧来解释它、理解它。因是，在美国宪法中的政党就像是基督教路德教派的信徒，后者"因信称义"（Justification by faith），前者则"因行动称义"（Justification by action）。

回到为理解政党初选而搭建的宪法解释框架，联邦最高法院在"白人初选案"系列判决中经历了"先自缚后突围"的进化过程：将初选理解为一种州的行动，政党受到宪法第十四修正案平等保护条款的约束，但遇到政党基于结社权所主张的固有权力时，这一解释框架便成了自缚双手的力士，失去了施展灵通的空间；将初选理解为选举权不可分割的一部分时，政党便在结社权前实现了"突围"，最终直接受制于第十五修正案，这一简单直接的宪法解释也最终使白人初选的合宪性问题尘埃落定。然而，若将美国宪法中的政党理解为一种行动，而行动本身的复杂性和不可预见性便指向了不断解释的必要性，甚至还存在新问题冲击既有解释框架的可能性[65]——谁又能确定今日的"突围"不会变成明日的"自缚"呢？这就要求观察者和研究者在关注这一问题时抱定"时刻准备着"的心态，不要过度简化，甚至不应做固化理解，在此基础上也应尽量避免各种"想当然"的普适化尝试。

---

[65] 事实上，新问题已经出现了。一方面，既有解释框架给予联邦和各州规制政党初选问题更大的裁量空间，这大大压缩了政党的"固有权力"，影响了政党对于党内"提名权"的有效控制；另一方面，既有框架仍然面临来自结社权的挑战，也引发了诸如结社权的民主功能，政党结社权到底是积极权利还是消极权利，单独公民的投票权与政党投票权的异同等相关问题的讨论，在研究选民在政党初选中参与不足问题时，有学者呼吁学界应当"重新发现"白人初选案，重视案件指出的问题。参见 Craig L. Carr, Gary L. Scott, "The Contitutionality of States Primary System: An Associational Rights Analysis," *Journal of Contemporary Law*, Vol. 10, No. 83, 1984, pp. 83—120; Frances R. Hill, "Constitutive Voting and Participatory Association: Contested Constitutional Claims in Primary Election," *University of Miami Law Review*, Vol. 64, No. 535, 2010, pp. 535—630; Alexander Macheras, "Participation in Primary Elections and the Dispositive Election Test," *Boston University International Law Journal*, Vol. 25, No. 399, 2016, pp. 399—426.

巧妇可为无米之炊？
——政法体制和行政化法院视域下的案例指导制度

赵浴辰[*]

一、超越法学方法论：案例指导制度研究的制度之维

在 2005 年发布的《人民法院第二个五年改革纲要（2004—2008）》中，"案例指导制度"首次作为一个专有名词，亮相于我国的公文里。由此，中国的案例指导制度建设工作正式进入实质性开展阶段。不过，在该文件发布前，学界和实务界实际上已经就是否应当构建中国的判例制度、如何在中国法的框架下引入判例、如何命名这一制度等问题展开了广泛的论辩，并形成了在以制定法为主要法律渊源的前提下，引入判例法这一非正式法律渊源来解释、补充成文法的基本共识[1]。2010 年，最高人民法院发布了《最高人民法院关于案例指导工作的

---

[*] 赵浴辰，北京大学法学院法学理论专业硕士研究生。
[1] 参见张骐：《判例法的比较研究——兼论中国建立判例法的意义、制度基础与操作》，载《比较法研究》2002 年第 4 期，第 79—94 页。

规定》，并于次年发布了第一批指导性案例。至此，案例指导制度在我国正式建立，关于指导性案例的性质、地位、效力、适用方法等主题的讨论也大量涌现。时至今日，案例指导制度仍是法理学和部门法研究的热点话题。

不过，国内学界现有的关于案例指导制度的研究，无论是这一制度建立前还是建立后的研究，都主要是在法学方法论的层面探讨判例法与成文法的相容性问题；而从经验性视角切入的研究则相对缺乏，且主要局限于两类。第一类经验研究以提供宏观层面的政策建议为目的，研究者主要是案例指导制度的倡议者和推动者们。例如，四川高院课题组曾通过对法院的走访、调查，发现了这一制度在执行层面出现了法官不适应类案裁判思维、选取的案例与基层法院的需求不匹配等问题；[2] 又例如，张骐和孙海波总结、梳理了中国法官运用指导性案例做实践推理的几种模式，并指出实践中存在只关注指导性案例的形式而忽视其内容、任意启动指导性案例使用、随意漠视或参照指导性案例等滥用误用情形。[3] 第二类经验研究则是具体地考察某一领域或某类案件中指导性案件的适用情况。此类研究多为基于裁判文书展开实证分析，进而提出改善性的政策建议或者为法律实务者提供指南。[4] 以上两类经验研究的共同特点是，研究者在展开研究时有着较为明确的应用取向，且在经验材料的选取和处理方式上，都只是基于其目的在做一些零散的观察，而未从整体上对案例指

---

[2] 参见四川省高级人民法院课题组、陈明国、左卫民：《指导性案例的应用障碍及克服——四川法院案例应用试点工作的初步分析》，载《法律适用》2012年第5期，第67—71页。

[3] 参见张骐：《再论类似案件的判断与指导性案例的使用——以当代中国法官对指导性案例的使用经验为契口》，载《法制与社会发展》2015年第5期，第138—153页；孙海波：《论指导性案例的使用与滥用——一种经验主义视角的考察》，载《法学方法论论丛》2015年第3卷，第223—241页。

[4] 参见练彬彬：《金融案例指导制度的运行现状及完善——基于98件有效应用案例的实证分析》，载《人民司法》2021年第19期，第94—100页。

导制度做制度性考察。因此，他们没能在司法制度和政治制度的层面整全地理解案例指导制度在当下面临的一些困境。

相对而言，海外学界对于案例指导制度的制度性研究反而较多。比约恩·阿尔（Björn Ahl）将案例指导制度视为最高人民法院通过司法专业主义建设来扩展其自身权限、获得自主性的多项措施之一。[5] 他认为，这一制度给最高人民法院提供了引导下级法院判决的工具；并且，由于指导性案例具有复杂性，在理解上需要专业门槛，因此这一制度可以帮助阻止司法系统以外的力量对审判的干预。[6] 张泰苏（Taisu Zhang）亦持有此观点，视案例指导制度为最高人民法院获取更大的制度性权威的努力。[7] 而贾在辰（Mark Jia）的观点则稍有不同。他在考察案例指导制度从1987年开始酝酿到2010年正式推出的历程后主张，中国的指导性案例不是纯粹的司法专业主义的，而是具有大众主义色彩的。并且，他对指导性案例的实际作用持观望态度。[8] 域外研究虽然试图从整体上理解案例指导制度，但同样存在两点不足：第一，相比于国内学界过分关注法学方法论层面的困难，域外研究则是低估了这一点，因而只关注了案例指导制度是如何出台的以及其是否有效运行，而没有关注这一制度是如何得以落实和开始运作的；第二，域外研究只是关注了和案例指导制度出台有直接联系的几个事件，没有将案例指导制度嵌入一个包含了更长历史过程的更为宏观的政法建设图景中，因而对这一制度的理解有些

---

[5] 参见 Björn Ahl, "Judicialization in Authoritarian Regimes: The Expansion of Powers of the Chinese Supreme People's Court," *International Journal of Constitutional Law*, Vol. 17, No. 1, 2019, pp. 252—277.

[6] 参见 Björn Ahl, "Retaining Judicial Professionalism: The New Guiding Cases Mechanism of the Supreme People's Court," *The China Quarterly*, No. 217, 2014, pp. 121—139.

[7] 参见 Taisu Zhang, "The Pragmatic Court: Reinterpreting the Supreme People's Court of China," *Columbia Journal of Asian Law*, Vol. 25, No. 1, 2012, p. 43.

[8] 参见 Mark Jia, "Chinese Common Law? Guiding Cases and Judicial Reform," *Harvard Law Review*, Vol. 129, No. 8, 2016, pp. 2213—2234.

片面和标签化了。

本文可以被看作是补充上述不足的尝试。笔者的核心观点是，案例指导制度不能被单一地贴上司法专业主义或者大众主义的标签，而是政法体制下党的意志和主张数次变动的产物；其之所以最终能突破法学方法论层面的困难得以落实和运作，则是仰赖于中国法院系统的行政化组织特征。在完成对上述观点的论证后，笔者还将从政法体制下的行政化法院的角度，对案例指导制度在执行中出现的"变形"和"走样"作出解释。最后，笔者将对案例指导制度建设的得失作出评述，并简要展望其可能的完善方向。

二、案例指导制度建设的司法专业主义叙事及其不足

在常见的关于案例指导制度建立过程的叙事中，学术界和最高人民法院扮演了最为重要的角色。一般认为，现行的案例指导制度脱胎于最高人民法院定期发布公报案例的实践。[9] 自1985年创办《中华人民共和国最高人民法院公报》起，最高人民法院便持续在该刊物上刊登"典型案例"，并以此取代过去通过红头文件、以不公开的形式向下级法院传递有典范性的审判案例的做法。尽管最高人民法院希望下级法院能够参照公报上的案例来审理类似案件，但是，由于公报案例的性质和地位始终是不明晰的，法官实际上并无参照公报案例审判的义务。

不具约束力的公报案例之所以会演化出各级法院"应当参照"[10]并因此具有"非正式法律渊源"的地位和"弱的规范拘

---

[9] 参见王利明：《我国案例指导制度若干问题研究》，载《法学》2012年第1期，第71—80页；梁景瑜：《案例指导制度的诞生》，载《政治与法律评论》2016年第1期，第274—299页。

[10]《最高人民法院关于案例指导工作的规定》第7条："最高人民法院发布的指导性案例，各级人民法院审判类似案例时应当参照。"载《人民司法》2014年第6期，第111页。

束力"的指导性案例[11]，很大程度上依靠的是学界的呼吁。从1987年起，一些学者受到英美法的启发，开始推动使得部分裁判案例具有普遍效力的政策建议[12]，以回应公报案例和其他指导性文件所存在的不足之处。他们通过比较法研究，一方面指出大陆法系国家也存在判例，英美法系国家也存在成文法，证明了判例法与成文法的可相容性；另一方面列举了英美判例法在统一法律适用、规范法官行为、填补法律漏洞等方面的积极作用，论证了引入判例法的好处。[13] 这些"积极主张采用英美法系的判例法制度"的学者们成功得到了"司法部门的有些同志"的呼应。[14] 在2002年至2004年间，最高人民法院先后于河南、天津等地开展了判例法改革的小范围的试点[15]；之后，学者们又围绕着试点的结果就进一步推进案例指导制度建设撰写了许多论文。以上理论研究和实际试验为案例指导制度的诞生奠定了基础。最终，在复杂的博弈过程后，案例指导制度得以正式出台。

倘若以上叙事成立且是完整的，那么，案例指导制度的诞生，便可以被概括为最高人民法院和学术界的一场"合谋"：学者们出于理论研究的目的论证了赋予高级审判机构发布的案例以普遍效力的可行性与必要性，而这恰好迎合了最高人民法院加强

---

[11] 参见雷磊：《指导性案例法源地位再反思》，载《中国法学》2015年第1期，第272—290页。不过，对这一问题亦有不同理解，例如胡云腾大法官早年曾认为，指导性案例仅具有"事实上的约束力"，没有"法律上的约束力"。参见胡云腾、于同志：《案例指导制度若干重大疑难争议问题研究》，载《法学研究》2008年第6期，第3—24页。但是，胡云腾大法官的观点似乎又有转变。他后来承认指导性案例具有和司法解释相似的效力，可以作为裁判依据引用。参见胡云腾：《打造指导性案例的参照系》，载《法律适用（司法案例）》2018年第14期，第3—5页。

[12] 参见 Mark Jia, "Chinese Common Law? Guiding Cases and Judicial Reform," *Harvard Law Review*, Vol. 129, No. 8, 2016, p. 2218.

[13] 参见陈大刚、魏群：《论判例法方法在我国法制建设中的借鉴作用》，载《比较法研究》1988年第1期，第1—11页。

[14] 高岩：《我国不宜采用判例法制度》，载《中国法学》1991年第3期，第43页。

[15] 参见吴英姿：《谨防案例指导制度可能的"瓶颈"》，载《法学》2011年第9期，第45—46页。

法院专业化建设、扩展自身权威的需要。由此，我们也就不难理解为什么这一制度会被贴上"司法专业主义"的标签。

尽管成功囊括了大部分与案例指导制度的构建相关的事实，但是，在仔细反思后，我们将不难发现，此种将部分学者和最高人民法院描绘为该制度的主要鼓吹者和持续推动者的司法专业主义叙事，无论是在经验历史层面，还是在制度逻辑层面，都是站不住脚的。

就经验历史而言，尽管司法专业主义叙事可以以牵涉面广、存在的障碍多等理由来解释为何案例指导制度的建设速度如此缓慢，甚至于2005年被正式写进《人民法院第二个五年改革纲要（2004—2008）》后，还过了五年时间才迎来了它的正式出台；但是，这是一种过于笼统的说明，且无法解释这一制度在2009年至2010年间所经历的"波折"。2009年3月25日，最高人民法院发布了《人民法院第三个五年改革纲要（2009—2013）》。在这份新版的纲要中，曾经出现在上一版纲要中的"案例指导制度"一词消失了。事实上，自2009年3月初全国"两会"后，看上去呼之欲出的案例指导制度[16]便陷入了一段沉寂，直到同年12月才有了更进一步的消息[17]。倘若最高人民法院真的"一直是案例指导制度的积极推动者"[18]，那么，为何案例指导制度在2009年版的纲要中被"雪藏"了？为什么到了2010年，案例指导制度又在拖延多年后突然正式出台？这两个疑惑，是司法专业主义叙事不能解答的。

而就制度逻辑而言，虽然案例指导制度的倡导者们论证了大

---

[16] 参见李仕春：《案例指导制度的另一条思路——司法能动主义在中国的有限适用》，载《法学》2009年第6期，第59页。

[17] 参见蒋安杰、唐仲江、张志铭：《案例指导制度规定——一个具有划时代意义的标志》，载《法制日报》2011年1月5日，第10版。

[18] 梁景瑜：《案例指导制度的诞生》，载《政治与法律评论》2016年第1期，第282页。

陆法系国家和英美法系国家都存在判例法，判例法与成文法可以相容，最高人民法院的有关负责官员也承认案例指导制度在设计时便吸收、借鉴了域外国家的判例法实践[19]，但是，在现实中，中国的司法制度缺少许多适用判例法的必要元素。例如，中国的法官没有如英美法系法官那样分享一套作为识别和适用判例的知识"区别技术"，无法准确地判断决定案件时是否需要受到某个先前判决的拘束[20]；中国的法学院长期以纯粹的讲授作为主要教学手段[21]，缺少英美法学院的判例教学[22]或德国法学院的鉴定式案例研习[23]，司法人员普遍不会解案例、用案例；中国的判例不像英美法那样是法律规则的载体，因此在参照指导性案例审判时仍需找到"直接的法律依据"[24]的情况下，法官普遍缺少运用判例的动力……上述困难的存在使得案例指导制度面临"水土不服"的质疑，也使得这一制度的最终落地看上去像一个"奇迹"。

为了解开2009年至2010年间的"波折"之谜，也为了理解案例指导制度是如何突破法学方法论层面的障碍得以落实的，我们有必要对案例指导制度建设的司法专业主义叙事作出修正和完善。在笔者看来，前述叙事的最大问题在于，其过度聚焦于审判

---

[19] 胡云腾、于同志：《案例指导制度若干重大疑难争议问题研究》，载《法学研究》2008年第6期，第3—24页。

[20] 参见 Karl Nickerson Llewellyn, *The Common Law Tradition: Deciding Appeals*, Quid Pro Books, 2016, pp. 77—90.

[21] 参见葛云松：《法学教育的理想》，载《中外法学》2014年第2期，第285—318页。

[22] 参见 Karl Nickerson Llewellyn, *The Bramble Bush: The Classic Lectures on the Law and Law School*, Oxford University Press, 2008, pp. 105—122.

[23] 参见夏昊晗：《鉴定式案例研习——德国法学教育皇冠上的明珠》，载《人民法治》2018年第18期，第33—35页。

[24] 尽管最高人民法院未就此做过明文规定，但最高人民检察院在其《关于案例指导工作的规定》第15条做了明确表述，"各级人民检察院应当参照指导性案例办理类似案件，可以引述相关指导性案例进行释法说理，但不得代替法律或者司法解释作为案件处理决定的直接依据"。载《检察日报》2019年4月13日，第3版。

机构，孤立地理解了案例指导制度的形成过程，而忽略了审判机构以外的其他主体——特别是中国共产党——在这一制度从酝酿到正式出台过程中所发挥的作用，没有将这一制度置于更为宏观、时间范围更长的法制建设的总体图景之中。在后两部分中，笔者将尝试构建一套关于案例指导制度建设的政法叙事，来取代既有的司法专业主义叙事，以期在更好地呈现案例指导制度的诞生历程的同时，更加深入地理解这一制度。

三、政法体制：案例指导制度背后"看不见的手"

在改革开放以前，中国的审判机关长期是用调解而非判决的方式来解决民事纠纷的。此种做法并非如当今一些人想象的，是"法制不健全"下的无奈选择，而是党和国家在长期实践和严肃讨论的基础上，为审判机关确定的工作方法。早在陕甘宁边区政府时期，共产党政权制定的《陕甘宁边区民事诉讼条例草案》第17条就规定："法庭经耐心调解不成立时，始得依据事实及策略为之判决。"[25] 之后，边区政府还就"审判为主"还是"调解为主"展开过讨论。时任陕甘宁边区高等法院副院长王子宜虽认为"调解是诉讼的必经程序"的做法是不适当的，但他更加强调法院的审判职责和调解职责是不矛盾的。后来接任陕甘宁边区高等法院院长的马锡五也赞同这一立场，他认为法院处理案件应当"宜调则调，宜判则判"[26]。而在新中国成立后，政法路线的设计者在吸收过往经验时，将天平朝着"调解"的方向倾斜了一些，"我们解决民事案件还是马青天那一套好，调查研究，调解为主，就地解决"[27]。对审判机关调解职能的强调也解释了，为

---

[25] 陕西省档案局编：《陕甘宁边区法律法规汇编》，三秦出版社2010年版，第475页。
[26] 参见潘怀平：《陕甘宁边区"调判关系"的协调及其启示》，载《人民法院报》2013年11月8日，第5版。
[27] 毛泽东：《在北戴河政治局扩大会议上的讲话》(1958年8月21日下午)，转引自冯小光：《调解制度发展进程中的政治动因》，载《人民法院报》2011年4月20日，第8版。

什么在整个社会主义建设时期，中国只有《中华人民共和国宪法》和《中华人民共和国婚姻法》两部基本法律[28]。

不过，在改革开放后，特别是在市场经济建设被提上日程表后，情况发生了变化。由于商品经济的繁荣，民事纠纷不仅在数量上增多，在复杂程度上也开始变得远超调解所能容纳的限度。为了妥善解决这些纠纷，也为了增加司法的确定性从而实现吸引外资、给市场经济奠定法制基础等目的，国家的总体法制建设路线发生了转向，由过去的结果导向的"化解纠纷"，转向了"司法工作必须坚决按照法律办事"[29]，其具体表现是在立法上加快制定与国际接轨的现代化法律的同时，在司法上由鼓励调解转向鼓励判决[30]。司法的判决转向的两个典型例证是，1991年颁布的《民事诉讼法》强调了调解"应当根据自愿和合法的原则"[31]，而1989年颁布的《行政诉讼法》更是明文规定行政诉讼不适用调解[32]。

与中央层面的政法路线转向所带来的对法院判决职能的重视

---

[28] 若是统计1949年至1978年间颁布的所有法律，那么总数应当是134件。参见《全国人民代表大会常务委员会关于批准法制工作委员会关于对1978年年底以前颁布的法律进行清理的情况和意见的报告的决定》（1987年11月24日通过）。载《中华人民共和国全国人民代表大会常务委员会公报》1987年第6期，第31—44页。

[29] 《中共中央关于加强政法工作的指示》（1982年1月13日），载中共中央文献研究室编：《三中全会以来的重要文献选编（下）》，人民出版社1982年版，第1103页。

[30] 出于避免加入过多历史事实而埋没论证目的的考虑，本文对政法路线由"鼓励调解"转向"鼓励判决"的刻画是简化的，只分了两个阶段。事实上，一种更加细致的刻画是将这一进程三分为"调解为主"阶段（1949—1981年）、"着重调解"阶段（1982—1990年）和"自愿合法调解"阶段（1991—2002年）。参见邵六益：《悖论与必然：法院调解的回归（2003—2012）》，载《华东政法大学学报》2013年第5期，第113页。

[31] 《中华人民共和国民事诉讼法》（1991年4月9日通过）第9条："人民法院审理民事案件，应当根据自愿和合法的原则进行调解；调解不成的，应当及时判决。"载《中华人民共和国国务院公报》1991年第13期，第484页。与之形成对比的是1982年颁布的《中华人民共和国民事诉讼法（试行）》（1982年3月8日通过）第6条："人民法院审理民事案件，应当着重进行调解；调解无效的，应当及时判决。"载《中华人民共和国国务院公报》1982年第6期，第209页。

[32] 《中华人民共和国行政诉讼法》（1989年4月4日通过）第50条："人民法院审理行政案件，不适用调解。"载《中华人民共和国国务院公报》1989年第2期，第8页。

相伴生的，是司法专业主义的兴起。这一方面是因为，依据法律对案件作出判决必然涉及解释、适用法律的技术，因此审判机关必须提高法官在此方面的能力——特别是在这一能力由于长期以调解为主要工作内容而严重缺失的情况下；而另一方面的原因则是，党中央无意直接干涉民事审判领域[33]，且鼓励政法队伍的"知识化、专业化"[34]，这为最高人民法院将司法人员由政工干部转化为技术官僚提供了条件。

正是在专业主义思潮席卷司法机构的背景下，案例指导制度进入了酝酿阶段。尽管正如司法专业主义叙事所描述的那样，在这一阶段，学术界和最高人民法院起了主导作用；但是，前述叙事过分强调了它们的主观能动性所发挥的作用，有意无意地忽略了二者的努力只有在法制建设思路发生了整体转变的大环境下才有可能起效这一事实。

尽管案例指导制度无论是在理论界还是实务界都有很高的呼声，但这一制度建设的速度却异常缓慢。从1987年到2005年，案例指导制度花了整整19年的时间才从学术讨论走进官方文件之中。而在被列入《人民法院第二个五年改革纲要（2004—2008）》后，案例指导制度的落地速度也没有加快，甚至没能实现在预定的改革期内推出这一制度的目标。这种情况在强调快速推进改革目标的我国是比较罕见的。那么，为什么经过了充分的理论论证和实践试验的案例指导制度会推进得如此缓慢？一种解释是，当时政法路线的又一次重大转变，即"大调解"的回归，使得案例指导制度不再是法院改革工作的重点。

---

[33] 参见 Hualing Fu, and Richard Cullen, "From Mediatory to Adjudicatory Justice: the Limits of Civil Justice Reform in China," in Woo and Gallagher, eds., *Chinese Justice: Civil Dispute Revolution in China*, Cambridge University Press, 2011, pp. 26—30.

[34] 《中共中央关于加强政法工作的指示》（1982年1月13日），载中共中央文献研究室编：《三中全会以来的重要文献选编（下）》，人民出版社1982年版，第1100页。

2002年,党的十六大报告将"社会更加和谐"确定为党的奋斗目标。[35] 之后,最高人民法院对调解的态度很快发生了变化,在全国范围内开始鼓励调解,并在后续几年陆续发布了《关于人民法院民事调解工作若干问题的规定》《关于进一步发挥诉讼调解在构建社会主义和谐社会中积极作用的若干意见》等文件。时任最高人民法院院长肖扬更是在2006年明确提出,要将"能调则调,当判则判,调判结合,案结事了"作为新时期人民法院民事审判工作的重要指导原则。[36] 在这一自上而下的变革浪潮下[37],作为以判决为工作重心的时代的遗留产物的案例指导制度,看上去与各项新的改革措施格格不入。不过,肖扬院长对于司法的"职业化"和技术层面的改革抱有积极态度,这也是为什么案例指导制度在这一大环境下还能写进2005年的《人民法院第二个五年改革纲要(2004—2008)》以及2006年至2008年的《最高人民法院工作报告》中。

2008年8月5日,王胜俊院长曾对案例指导制度作出过"充分听取意见,确保'指导意见'符合法律的规定"的批示;[38] 2009年3月10日,在向全国人大作《最高人民法院工作报告》时,他也提及要"推行案例指导制度"[39]。政法路线的调整和审判工作指导原则的变更尽管可以解释案例指导制度为什么没有被当作法院系统的重点改革项目得到快速推进,但从肖扬和王胜俊两任最高人民法院掌门人对案例指导制度抱有的总体支持态度来

---

[35] 参见新华社讯:《全面建设小康社会,开创中国特色社会主义事业新局面》,载《人民日报》2002年11月9日,要闻版。
[36] 参见肖扬:《充分发挥司法调解在构建社会主义和谐社会中的积极作用》,载《人民司法》2006年第10期,第6页。
[37] 参见潘剑锋、刘哲玮:《论法院调解与纠纷解决之关系——从构建和谐社会的角度展开》,载《比较法研究》2010年第4期,第72—73页。
[38] 参见胡云腾、罗东川、王艳彬等:《〈关于案例指导工作的规定〉的理解与适用》,载《人民司法》2011年第3期,第34页。
[39] 王胜俊:《最高人民法院工作报告》,载《人民日报》2009年3月18日,第2版。

看，没有理由认为司法专业主义的退潮直接导致了案例指导制度在《人民法院第三个五年改革纲要（2009—2013）》中被"雪藏"。

在2009年年底召开的全国政法工作会议上，中央政法委代表中央明确表达了对案例指导制度的支持态度，这直接使被许多人认为已是"胎死腹中"的案例指导制度重新焕发了生机[40]。政法工作会议的效果是立竿见影的。2009年12月，最高人民法院在《关于深入贯彻落实全国政法工作电视电话会议精神的意见》中，将发布指导性案例列为贯彻落实三项重点工作的重要举措之一。另外，在此次政法工作会议上，中央政法委还提出要扩大案例指导制度的建设范围，要求其他政法机关也开始选取和制作适用于本系统的指导性案例[41]。与之相照应的是，在《最高人民法院关于案例指导工作的规定》于2010年年末出台后，很快于该年内发布的，不是第一批审判指导性案例，而是第一批检察指导性案例。

由以上梳理可见，尽管从表面上看，案例指导制度的引入关涉的是一个成文法与判例法是否以及如何相容的法学方法论问题，但事实上，这一制度从酝酿到出台所经历的跌宕起伏的历程背后，是政法领域党的意志和主张的数次调整。案例指导制度是在政法路线转向鼓励审判、默许司法专业化的条件下进入酝酿阶段的，并非纯粹是部分学者和司法官员"摇旗呐喊"的产物。在中央政法委代表中央作出明确表态后，案例指导制度立刻成为了各政法机关的工作重点。最高人民法院和最高人民检察院等政法机关在中央政法委所确定的路线上，开始积极加速制定相关方案，

---

[40] 参见 Taisu Zhang, "The Pragmatic Court: Reinterpreting the Supreme People's Court of China," *Columbia Journal of Asian Law*, Vol. 25, No. 1, 2012.

[41] 参见孙春雨、张翠松、梁运宝：《推行案例指导制度的必要性和可行性》，载《检察日报》2010年12月24日，第3版。

并于一年内将拖延、争论、搁置了数年的案例指导制度正式推出。

四、行政化法院：案例指导制度落地的组织基础

当然，并不是中央一作出"决断"，案例指导制度在法学方法论层面所面临的障碍就会自然消失了。在中国的司法制度没有给适用判例法留下空间的情况下，即便出台案例指导制度的决定做出了，这看上去也像是强要"巧妇为无米之炊"。事实上，正如下文将论述的，尽管学者们和最高人民法院的法官们在法学方法论层面为如何于成文法体制下运用指导性案例撰写了许多指南[42]，但这一制度最终得以落地和运行，依靠的是中国法院系统的行政化组织形式。

就中国法官缺少运用案例的能力的问题而言，案例指导制度在设计之初便被设想为最高人民法院对下级法院和法官进行业务指导的工具，其行政性弱化了对法官个体素质的要求。胡云腾大法官在谈及建立案例指导制度的意义时指出，这一制度能发挥"总结审判工作经验，指导各级法院审判工作"的功能，有助于"统一司法尺度和裁判标准，规范法官自由裁量权"，减少某些法院之间乃至同一法院不同法官之间存在的"同案不同判"的现象。[43] 因此，不同于某些批评"案例指导制度"这一名称中的"指导"二字包含了过强的行政色彩的学者的看法[44]，指导性案例在生成机制上就是具有行政性的[45]。最高人民法院希望通过

---

[42] 参见胡云腾：《最高人民法院指导性案例参照与适用》，人民法院出版社 2012 年版；江必新、何东林、谢勇等：《最高人民法院指导性案例裁判规则理解与适用（合同卷一）》，中国法制出版社 2012 年版；刘树德，孙海波等主编：《类案检索使用指南》，北京大学出版社 2021 年版。

[43] 参见胡云腾、于同志：《案例指导制度若干重大疑难争议问题研究》，载《法学研究》2008 年第 6 期，第 5 页。

[44] 参见傅郁林：《建立判例制度的两个基础性问题——以民事司法的技术为视角》，载《华东政法大学学报》2009 年第 1 期，第 98 页。

[45] 陈兴良、张骐、吴英姿等学者很早就注意到了这一点。参见张骐：《再论指导性案例效力的性质与保证》，载《法制与社会发展》2013 年第 1 期，第 95—96 页。

指导性案例来一方面统一各地区各法院的司法适用，另一方面限制法官个人的自由裁量权。所有的指导性案例都是由最高人民法院选取并"再加工"的这一事实，印证了以上论点，而这也是指导性案例与域外判例法之间最大的不同：在英美法系和大陆法系国家，是下级法院的法官从本院和上级法院的生效判决中选取他认为有拘束力的判例，并从中提取出将适用于待决案件的法律规则；而在中国，判例是由最高人民法院选择的，并且最高人民法院还会给指导性案例加上"裁判要旨"部分，代替法官完成从判例中提取规则的步骤。由以上对比可见，无论是在英美法系国家还是在大陆法系国家，判例的选取都是"自下而上"的；而中国的案例指导制度，则完全是"自上而下"的。这种具有行政色彩的业务指导式的制度安排对法官选取、拆解和适用案例的能力要求更低，减少了"区别技术"和案例教学的缺位对推广判例法造成的阻碍。

而对于法官缺少适用指导性案例的动力的问题，最高人民法院的解决方案是利用奖励和惩罚机制来引导法官适用指导性案例。正向激励的例子是《〈最高人民法院关于案例指导工作的规定〉实施细则》（2015年6月2日公布）第14条明确规定，"各级人民法院对于案例指导工作中做出突出成绩的单位和个人，应当依照《中华人民共和国法官法》等规定给予奖励"；而负向激励的例子则是，法官在应当适用指导性案例的情况下不适用指导性案例所做的判决会被二审、再审改判[46]，这会给法官完成"发改率"考核指标造成压力，倒逼法官主动适用指导性案例。

---

[46] 最高人民法院研究室副主任郭锋在2019年最高法举行的"涉'一带一路'建设专题指导性案例新闻发布会"上强调："凡是在审判案件的时候，发现与指导性案例在基本案情和法律适用方面相类似的案件，就要参照适用我们已经发布的指导性案例，否则会被二审、再审改判。"参见国务院新闻办公室网站：《最高法举行涉"一带一路"建设专题指导性案例新闻发布会》，https://cicc.court.gov.cn/html/1/218/149/192/1190.html，检索日期：2023年8月31日。

以上两种手段本质上都是行使了法院对法官的行政管理权力，通过影响法官的个体利益，去激励法官参照适用指导性案例。这显然是利用了法院内部组织的行政性特点。

最后，当从更为宏观的制度建设层面，而非法官行为这一微观层面，来考察案例指导制度是如何从最高人民法院层层推进到基层法院时，我们不难发现这一过程中存在着行政发包制[47]和科层制的身影，这更加佐证了案例指导制度在落实过程中遵循了行政逻辑。在中国的司法系统中，省一级的高级人民法院具有特殊地位：一方面，各省高级人民法院要接受最高人民法院的业务指导，对最高人民法院负责；但另一方面，省高级人民法院又以具有一定自主权的方式承担了落实最高人民法院的意见、统一辖区内司法认识的责任，因此有权选取、发布在本省内适用的参考性案例，并会常态化地出台地方性审判指导意见。[48] 在十八届三中全会开启法院系统的人财物省级统管改革后，省高级人民法院的特殊地位更加凸显。如果说最高人民法院对省高级人民法院以及各地方中级人民法院、基层法院更多只是实现了业务上的垂直领导的话，省高级人民法院则是能够全面垂直管理各地方中级人民法院和基层法院。从这个角度看待案例指导制度推广过程中出现的省高级人民法院"强制中级法院和基层法院定期或者不定期提交备选案例，为选编指导性案例设置专门人员，对入选各级指导性案例的法官及相关人员进行表彰和物质奖励等"[49] 现象，我们会发现这里其实体现了发包制和科层制两套逻辑：最高人民法院将推广案例指导制度的任务"发包"给了各省高级人民法

---

[47] 关于这一概念的具体内涵，参见周黎安：《行政发包制》，载《社会》2014 年第 6 期，第 1—38 页。

[48] 参见贺荣主编：《公正司法与行政法实施问题研究——全国法院第 25 届学术讨论会获奖论文集（上）》，人民法院出版社 2014 年版，第 7 页。

[49] 孙光宁：《反思指导性案例的援引方式——以〈《关于案例指导工作的规定》实施细则〉为分析对象》，载《法制与社会发展》2016 年第 4 期，第 91 页。

院，省高级人民法院再利用科层制对下传导，最终传导到作为"神经末梢"的每个审判人员头上。

由以上分析可见，无论是在微观的法官行为激励层面，还是在宏观的制度建设层面，案例指导制度的落实依靠的都是法院的行政化组织形式。法学方法论层面的进步对于指导性案例的推广即便是有效的，也必然是居于第二位的——这从案例指导制度运行十余年后学界甚至未在指导性案例的性质和效力这一最基本的问题上达成共识[50]这一事实中可见一斑。

五、结语：案例指导制度的得失与前景

综上所述，本文从政法体制和行政化法院的角度切入研究了案例指导制度，并论证了政法体制下的行政化法院既是案例指导制度得到推出和落实的动力和可能性条件，又在制度上限定了案例指导制度发挥作用的空间。中国的法院组织形式具有行政化的特点，法院在政法机构中并没有特殊位置，不是排他性的、终局性的法律解释者。[51] 中国的法官相较于理想化的运用法律专业知识、居中独立做出裁判的职业司法人员或者罗纳德·德沃金（Ronald Dworkin）笔下的"法律帝国"的王侯，其实更像是一般的行政机关工作人员，或者说"公务员"，要遵从党为政法工作确立的"专门工作和群众路线相结合"[52] 原则。在这种情况下，法官会更多地以解决纠纷心态来处理工作，而无意于在对纠纷的处理中不断发现、确认和动态地发展法律规则。不过，这意味着案例指导制度是一项失败的改革措施吗？对于这个问题，笔者的回答是否定的。

---

[50] 参见陆幸福：《指导性案例效力问题之法理分析》，载《理论探索》2022年第5期，第16页。

[51] 参见强世功：《"法治中国"的道路选择——从法律帝国到多元主义法治共和国》，载《文化纵横》2014年第4期，第45—47页；邵六益：《行政诉讼的重心转移及其政法逻辑》，载《中国延安干部学院》2021年第3期，第109—121页。

[52]《中国共产党政法工作条例》第六条第（二）款。

首先，指导性案例确实在解决法律疑难、填补规则空缺方面有一些成功的实践。例如，最高人民法院指导案例 38 号（田永诉北京科技大学拒绝颁发毕业证、学位证案）与 39 号（何小强诉华中科技大学拒绝授予学位案）明确了法院在行政诉讼中对高校学位授予行为进行司法审查的范围和依据，破除了这一行政法领域的难题；[53] 指导案例 93 号（于欢故意伤害案）"激活"了刑法上常被搁置不用的"正当防卫"条款，同时进一步明晰了"防卫过当"的判定标准；[54] 指导案例 50 号（李某、郭谋阳诉郭某和、童某某继承纠纷案）明确了应用人工辅助生殖技术孕育的子女的继承权问题，回应了新兴科技对传统法律规则的挑战[55]……以上指导性案例在事实上为法官提供了颗粒度更细的新的裁判规则，使其能更加有据可依地对难办案件作出判决。

其次，案例指导制度总体上是体现了司法专业主义精神的。价值宣示性的指导性案例尽管存在，但占比很小。绝大多数指导性案例不直接与政治相关联。从近年公布的指导性案例来看，大部分指导性案例的裁判要旨确实是针对了专业性很强而又存在争议的法律疑难问题。

最后，也是更为重要的是，案例指导制度为上级法院指导、控制下级法院提供了一个全新的渠道。在案例指导制度出台以前，最高人民法院只能通过抽象的司法解释和对于抽象法律问题的批复，来实现对下级法院的控制。尽管最高人民法院在指导性案例以外也会发布公报案例和典型案例，但后两者毕竟不具有法律上或事实上的约束力，对下级法院的作用有限。另外，案例指

---

[53] 参见《最高人民法院发布第九批指导性案例的通知》，载《中华人民共和国最高人民法院公报》2015 年第 8 期，第 14—18 页。

[54] 参见《最高人民法院关于发布第 18 批指导性案例的通知》，载《中华人民共和国最高人民法院公报》2018 年第 9 期，第 21—25 页。

[55] 参见《最高人民法院关于发布第十批指导性案例的通知》，载《中华人民共和国最高人民法院公报》2015 年第 10 期，第 27—29 页。

导制度还为最高人民法院推广更具一般性的"类案同判"起到了"打头阵"的作用。[56]指导性案例制度和"类案同判"有助于降低法官自由裁量的任意性,弱化地方的司法保护,取代个案请示制度[57]。

因此,尽管存在遗憾和不足,案例指导制度总体上仍是一项富有意义且取得了一定效果的改革措施。虽然笔者无意提出政策建议,但如果说本文的研究成果对于案例指导制度的进一步完善有任何可能的启发意义的话,那恐怕就是,在政法体制和法院系统的行政化组织形式将长期存在的背景下,改革者们应当从制度层面入手,为法官妥当适用指导性案例提供激励,而非单纯寻求法学方法论上的突破。

---

[56] 最高院近年来对"类案同判"的推广可以为《最高人民法院关于统一法律适用加强类案检索的指导意见(试行)》《关于完善人民法院专业法官会议工作机制的指导意见》《最高人民法院统一法律适用工作实施办法》等规范性文件的印发所佐证。

[57] 不过,亦有学者认为,案件请示制度由于其政治意义而具有不被彻底废除的必要性和可能性。参见侯猛:《案件请示制度的合理的一面——从最高人民法院角度展开的思考》,载《法学》2010年第8期,第126—136页。

施米特问题及其 20 世纪的回响
——评王钦《悬而未决的主权决断》

易葳钊[*]

自 20 世纪末 90 年代卡尔·施米特（Carl Schmitt）这个名字传入中国，它便引发了中国学界的广泛讨论，影响力不仅限于法学界，亦辐射至政治学、国际关系、文学批评理论、宗教学、哲学。

施米特的复杂性与深刻性注定了如若我们想真正理解施米特，整体把握施米特，则必须要跳出具体学科的藩篱和意识形态的偏狭，然而很遗憾的是，大多数研究并未做到这点。现今流行的研究往往都面临着以下两个问题：首先是，研究者往往都只关心在自己学科领域内的施米特，而这样的施米特必然只是一个割裂的施米特，例如法学家施米特、哲学家施米特、文学理论家施米特。然而，施米特无论如何都不是我们今日在法学学科框架下理解的法学家，甚至可以说施米特是今日法学学科框架的反面，

---

[*] 易葳钊，中国人民大学文学院 2023 级古典学专业博士研究生，研究方向为 19 世纪的国际政治。

今日法学学科的发展伴随着对施米特的回应和扬弃才逐渐生长成今天的模样。因此，可以说施米特在某种意义上影响了今日法学的问题域与基本的研究框架，这种框架外在于法学学科的规范性，更外在于所有学科的规范性。不同学科的规范性问题本质上来说可以是方法论的不同、对基本问题的关切不同、对于根本问题与世界观认识的不同。这种底层结构的不同引出了第二个问题，即许多研究者未能跳出某种意识形态的偏狭，无论是自由主义者还是保守主义者，他们都将施米特视作某种政治主张的注脚或是对立面。

真正可以将施米特的复杂性和深刻性完整呈现出来的研究必然需要克服这些问题，其努力的最终目的无非是一点，即如"施米特本人一般理解施米特"，让施米特"复活"。在此意义上，王钦老师的这本小书是一本为数不多的将这一点发挥得淋漓尽致的研究著作。

一、表面状况：以施米特为方法

这本小书如若我们只看目录，似乎只是作者的读书札记。然而作者一以贯之的问题意识并没有被这松散的形式遮蔽——他并不想如同诸多的施米特研究著作一样，"从一个惊人论断跳到另一个惊人论断，然后将诸多惊人论断总排列，打包名曰'施米特如此认为'"[1]。他选择的理解施米特的方式亦绝不是如同大多数社会科学的理解方式那般，将一套外在于施米特的社会科学评价体系加在施米特的头上。因为作者对从外部理解施米特的做法感到不满足，所以他选择了从内部对施米特进行理解。通过文本细读的方式，王钦老师从内部窥探施米特，将施米特看作一个完整的世界，将施米特早期到晚期的思想看作一个具有连续性与内

---

[1] 王钦：《悬而未决的主权决断——论卡尔·施米特及其他》，East Asian Academy For New Liberal Arts, The University of Tokyo（EAA）2023年版，第171页。

在张力的体系。也只有这样，我们才不仅仅是简单罗列施米特的各种纷繁复杂思想，而是对施米特为何对于政治、自由主义、合法性等问题会有如此看法感受到一种清澈与明晰。

作者得以实现这一切，也许源于早年接受过深厚的比较文学方面的训练和熏陶，这使得他善于比较施米特和其他思想家之间的不同，让不同思想家的意义系统和观念系统进行跨时空的交流，这种交流延续着比较文学的基本前提：我们并不是在比较着一些机械的或是抽象的概念，而是对于不同的意义系统进行比较，它是一个辩证的概念。这样"辩证的比较"首先要求我们对于"不同文化系统和生活世界所共同依赖的、但却有待挑明的总体的、共享的意义框架"抱有信心。在此基础之上，我们展开了"主体的理解"，以及一系列"自我理解的辩证法"。[2] 我们要澄清的是，作者这种"如施米特本人一般理解施米特"的做法绝不意味着他全盘接受施米特的观点和主张，而是一种更高层次的、同情的、从主体出发不断上升的理解。只有从这种理解出发，我们才能看见施米特思想内部的张力，这也是他被无数人广泛讨论的缘由。也只有这样，我们才可以从施米特的思想中挖掘出那些连他本人也没意识到的矛盾，以及为何他的思想会同各种不同流派、在跨时空跨学科跨体系的意义上产生超越性的关联。

如果说我们日常阅读的方法是带着某些问题进行阅读，例如施米特是如何论民主的、施米特批判自由主义的论据是什么，那么王钦老师在阅读施米特时便超越了日常阅读，我们可以称作"如施米特一般阅读施米特"，即带着施米特的问题进行阅读。然而发现所谓的"施米特问题"绝不是一件简单的事情。施米特的确一生都在批判自由主义，然而批判自由主义不意味着他要站在

---

[2] 参见张旭东：《全球化时代的文化认同》，北京大学出版社2005年版，第9页。

极权主义阵营之中。也许我们可以用一个广义的自由主义来概括施米特所批判的自由主义，这个广义的自由主义概念包括多元论、和平主义、历史唯物主义、无政府主义、议会民主制等等。而这个广义的自由主义的实质是中立化，是一种生命世界诸要素分离的状态。施米特与这样一种广义的自由主义者的对立，也许不仅仅在于施米特同他们有着人类学根基上的不同，也许更重要的部分在于自由主义者尊重并宽容一切"诚实"的价值，而一个肯定政治本身的人则尊重并宽容一切"严肃"的信仰。自由主义者的"守护价值多元"和肯定政治本身的人的"尊重信仰"，表面上看似乎是一回事，然而两者的根本对立恰恰在于，前者将后者的信仰理解为价值，并斥责后者以单一价值取消多元价值，而后者则将前者的价值多元理解为一种"不严肃"的信仰，因此不值得尊重。此般价值与信仰的转换根植于现代形而上学的结构。因此，如若我们仅仅把自由主义批判看作某种"施米特问题"便不得要领，而是应当把自由主义批判这一主题放置于施米特对于现代世界根本的政治神学结构的思考之中，而这一切，在王钦老师的研究中体现得淋漓尽致。

这本书加上绪论部分共八章，值得一提的是，除了最后两章专注于讨论施米特《大地的法》，其余每章都有同施米特对话的思想家，包括卢卡奇、本雅明、施特劳斯、阿伦特、卡恩、德里达、德勒兹、阿甘本等重要人物。在开头，作者通过对《政治的浪漫派》这本施米特早年著作的分析阐释，将施米特一生中最重要的关切，用"悬而未决的主权决断"，即这本书的标题，统合了起来。随后的七个章节可以划分为三个部分，第一章至第三章为第一部分，第四章到第五章为第二部分，最后的两章为单独一个部分。每一部分都是作者对于"悬而未决的主权决断"在不同层面与视角的阐释，最终刻画出一个立体的、饱满的、充满张力的施米特的灵魂。

二、从失效的主体到例外状态

施米特一生持之以恒捍卫的是人生命的严肃性。这样的严肃性在宗教改革、笛卡尔的心物二元论、康德的"物自体"概念中被消解,最终上帝这个绝对权威被其他的实体取代。当上帝这个绝对权威被取代以后,一切只能沦为某种精神活动、某种艺术品,而浪漫派正是将这样一种基调发扬到极致。浪漫派的主体究竟是一个什么样的主体?答曰:"资产阶级个人主义式的非政治主体。"[3] 在施米特这里,非政治意味着对于现实政治的逃避,仅仅醉心于审美活动的非政治的人格意味着主体的失效。这正是自 20 世纪以来人类精神的现实,它事实上塑造了 20 世纪的政治形态,有关"失效的共同体/主体的论述"更是贯穿了整个 20 世纪的政治哲学。大体上来说,在整个绪论部分,作者都在刻画"失效的主体"这个概念。这个概念同此后的"悬而未决的主权"有着密不可分的关联。在下一部分,作者详细考察施米特对自由主义宪政国家的批判,及其批判内部所蕴含的悖论。施米特这样的关切并不是偶然的,城邦是大写的人。自由主义的宪政国家,正是浪漫派"失效的主体"在国家层面的形而上学结构上的对应物。

表面上看来,国家可以被理解为一个"完成的主体",然而,我们每天都面对着无限的"例外"。国家的"例外状态"同"常规状态"之间的分别在何种意义上可以被区分,成为作者全书中关注的问题。处理例外状态需要的自然是决断,而非投票、商谈,这一切在君主制下并不是什么困难的问题。然而在现代政治契约论的架构下,面对"例外状态",一个政治体该以什么样的

---

[3] 王钦:《悬而未决的主权决断——论卡尔·施米特及其他》,East Asian Academy For New Liberal Arts, the University of Tokyo(EAA)2023 年版,第 8 页。

方式进行处置，成了一个棘手的问题。

施米特关心的是，如何重构"天主教的对立综合的复合体"，唤起真正的政治，即用一个最为根本的国家概念来将一切的法律包揽进来，成为超越规范和决断意义上的更高者。[4] 具体说来，施米特采用的是重申"政治"的概念的方式来充实自己国家的概念，拯救"国家"的权威性。作者试图阐明，在当时历史语境下，施米特正尝试着为处于危机之中的、"现代政治中具有独特地位的政治实体——国家——赋予理论上和政治上的优先性"[5]。作者在两重意义上强调了施米特对于政治的理解：一是政治是一个完全自足的领域，是一个不可以被社会、经济、审美、道德等其他因素简化的部分；第二点在于政治的概念即有能力决断朋友和敌人，这样的定义恰好可以把政治延伸至人类世界的所有领域。政治性由此被撒播到一切对抗关系之中。[6] 关于这两重意义的关系问题，政治不仅仅是一个我们要维护其独立性的概念，"政治的概念"也不应当只是一种自我防卫的姿态，而是应当为自己赋予存在论意义上的首要性，坚持政治"现实的""生存性"的意义。而国家概念，正是一个最"政治"的概念，因为它的诞生即意味着某种对抗关系，它是最原教旨意义上的政治。[7]

然而，施米特的回答中终究有一些无法逃避的矛盾，作者发现了这一点，并将此矛盾中所蕴含的张力代入了整个第三章的讨论中。他通过引用德里达阐述着这样的矛盾：

---

[4] 参见王钦：《悬而未决的主权决断——论卡尔·施米特及其他》，East Asian Academy For New Liberal Arts, the University of Tokyo（EAA）2023年版，第31页。
[5] 同上，第39页。
[6] 参见同上，第40—41页。
[7] 参见同上，第45—46页。

> 创建法律的暴力（比如革命）需要预设一个未来的秩序为自己提供证成依据，而维持法律的暴力（如治安暴力）必定超越既有法律对于一些非常有限的情形的考量和规定；在这个意义上，创建法律的暴力和维持法律的暴力无时无刻不在进行着各种互相渗透、影响、侵蚀。[8]

德里达将这种创制法律的暴力同维持法律的暴力之间的相互纠缠称作法律的"可重复性悖论"，这是一组根本性的矛盾。而在施米特那里，这样的矛盾没有被解决，这也带出了卡恩的《政治神学》中所引出的问题。在卡恩看来，契约论设想的"前社会状态"就是对于政治共同体创制"起源"的遗忘。本质上来说，如若没有一种被我们忽略的前社会状态的意识形态，我们便无法建立"契约论"意义上的共同体。当这些共同体中的人不具备某种同质性的意识形态，那么任何公民与活生生的人都有可能沦为选举意义上的人口。卡恩将德里达的"可重复性悖论"推到了极致，并渴望通过建立一种"政治神学"的视野，以弥补"契约论"视野的缺失。

如果我们对第一部分进行小结，可以说作者以德里达"创制法律的暴力"与"维持法律的暴力"间一种可重复性的悖论，作为理解这一问题的重要切入点，这也是作者第一部分（前三章）的核心关切。作者将《政治的神学》视作施米特对于这一问题进行最系统化的阐述的文本，将《政治的概念》视作施米特的解决方案，最终将这样的施米特问题通过卡恩的视野切入现代的美国政治，通过呈现施米特同阿伦特、内格里的对话，以表达"施米特问题"的根本张力。

---

[8] 王钦：《悬而未决的主权决断——论卡尔·施米特及其他》，East Asian Academy For New Liberal Arts, the University of Tokyo (EAA) 2023年版，第20页。

三、施米特与政治的拓扑学

截然两分的"创建法律的暴力"(革命)与"维持法律的暴力"(治安)显然无法在同一个平面中被调和。例外状态与其说是时间和空间上的悬置,不如说是一种复杂的拓扑学构形,不仅例外和常规在其中彼此穿越,自然状态和法、外在和内在,也是如此。

四、五两章可以被视作全书的第二部分。在这部分中,作者专门讨论了德勒兹与阿甘本,其动机在于他们都在某种程度上为我们理解施米特提供了一个补充的视野。我们首先要探索的是这一部分同全书的主题,即"悬而未决的主权决断"之间的关系。如果我们对比第一部分与第二部分,第一部分大体上是在强调,即便我们认同施米特关于例外状态与常规状态的划分,我们也很难说可以接受他所提出的解决方案,诸如重构那个具有天主教矛盾综合体性质的政治的国家,因为施米特的整个思想体系中蕴含着一些根本的张力,即"可重复性悖论"。作者发现了例外状态与常规状态、创制与统治之间复杂的拓扑学结构:

> 它仅仅在形式上(但并非在形式主义的意义上)打开了一个不断通往外部、不断连接他者与自我的可能性维度——它的暴力正在于拆解既定秩序维系自身所必需的一切意指链条。[9]

在第二部分,作者继续探索:当我们抛弃了所谓"自然状态"与"利维坦"、惯常状态与例外状态的种种截然两分,把它们视作"不断通往外部、不断连接他者与自我的可能性维度",

---

[9] 王钦:《悬而未决的主权决断——论卡尔·施米特及其他》,East Asian Academy For New Liberal Arts, the University of Tokyo(EAA)2023 年版,第 94—95 页。

那么我们又如何理解施米特式的命题？某种意义上来说，让施米特同德勒兹、阿甘本对话，便开启了这样的可能性。

在德勒兹的观念中，国家是一种流，是一种"在原始社会之中便存在着的、将社会本体论意义上的'流'加以控制和组合、建立地域性层级的特定政治形态"[10]。这样一来，德勒兹就拆除了前政治世界与政治世界的两分，同时拆除的还有霍布斯"利维坦"的意义。国家作为战争机器，其目的不再是为了保护我们免于"狼与狼"之间的自然状态，恰恰相反，是国家的战争机器摧毁了我们更为原初的"流"。而这股原初的"流"内部始终蕴含着对于"国家"的抵抗。德勒兹将这股原初的"流"的自由涌动，分子层面的自由生成、联结、创造，视作一种对于均质性的和统一性的抵抗，而这种分子的自由流动和联结被德勒兹理解为 nomos[11] 的根本内涵。在德勒兹这里，nomos 同游牧有着密不可分的关系，作者敏锐地捕捉到了施米特与德勒兹对于 nomos 看法的根本分别。在德勒兹看来，"城邦和国家形式自始至终威胁着由 nomos 开辟的'平滑空间'"[12]。德勒兹的 nomos 与国家的关系是对抗性的，而不像施米特那样，nomos 和国家政治体相互嵌入。由此，德勒兹亦捍卫着自己的 nomos，并由此走向了支持各种瓦解社会、国家力量的立场。

作者很好地把握到了德勒兹思想内部的形而上学结构，将游

---

[10] 王钦：《悬而未决的主权决断——论卡尔·施米特及其他》，East Asian Academy For New Liberal Arts, the University of Tokyo（EAA）2023 年版，第 101 页。

[11] nomos 这一概念源自古希腊，现代欧洲语言以 norm / normal 的形式保留了这个古希腊术语，指的是一种规范，但这种规范却不如法律（law）一般明晰。nomos 在古希腊语中对应的翻译是法律，但是它同现代法律的内涵又有着显著的不同。同法律一样，nomos 也包含着对空间的界定与划分、对空间内的秩序作出规定。然而古代的空间并没有明确的界限，因此德勒兹以"游牧性"对 nomos 进行概括。与古代 nomos 相对立的是现代世界的封闭空间，在这个封闭空间中，群已权界明确规定，唯有在封闭空间中，才有法律。20 世纪的哲学家德勒兹和施米特都结合自己的哲学体系，对这一概念进行了阐发。

[12] 王钦：《悬而未决的主权决断——论卡尔·施米特及其他》，East Asian Academy For New Liberal Arts, the University of Tokyo（EAA）2023 年版，第 103 页。

牧、平滑空间、去地狱化、逃逸串联在一起，很好地将德勒兹思想中最为核心的关切带了出来。摧毁国家机器的意义并不在于摧毁秩序本身，恰恰相反，这是为任何可能的秩序打开空间。[13] 在德勒兹思想的内部，我们已经看到一种"一与多"的截然两分，现存的政治秩序是一，而更多的秩序将被解放出来。如果我们以这组"一与多"的对立来对观施米特的思想，施米特思想中亦蕴含着一种"一与多"的对立，而施米特捍卫的亦是"多"。因为可悲的现代性正是在于，作为"一"的抽象法条的秩序已然取代了脱胎于具体空间 nomos 的"多"的秩序。某种意义上，两者都是"多"的拥护者，然而他们却有着根本的品质上的区别。在作者看来，如果我们依循着德勒兹的道路，将一切的"一"与体系打掉以后，将不得不重新塑造某种"新的人民""新的地球"。而"新的人民""新的地球"的实质内涵注定是被抽空了的，因为一旦其中任何具体的内涵形成，它们立刻面临着被再游牧化的风险。最终，无论德勒兹如何口口声声地强调自己并不是无政府主义者，他最终所做的实在无异于无政府主义与虚无主义，人在这个过程中真正地沦为"单一化、同质化的政治形式"[14]。也正是在德勒兹 nomos 基于游牧、平滑空间、去地域化思想的观照下，我们才进一步深刻地理解了立于大地的、诞生了人类永恒生存法则的施米特意义上的 nomos。

在施米特的语境中，我们是在例外状态与惯常状态泾渭分明的视野下讨论"悬而未决的主权决断"的，而在阿甘本的眼中，现代性政治的标志性事件即"主权决断打开的例外状态被常规

---

[13] 参见王钦:《悬而未决的主权决断——论卡尔·施米特及其他》，East Asian Academy For New Liberal Arts, the University of Tokyo（EAA）2023 年版，第 110 页。

[14] 同上，第 114 页。

化"。在这个过程中,"排斥与包括、外部与内部、bios 与 zoē [15],权利与事实,都进入一个不可化约的无区分空间"。在作者看来,阿甘本在某种意义上重写了施米特的政治本体论,即对于政治就是划分敌友的改写。[16] 因为阿甘本认为施米特划分敌友所依傍的那些前提,无论是基于利益、血缘、价值、宗教、民族等,都预设了某种已经存在的政治性。换言之,每一个前政治的"赤裸生命",都已然依据某种同质性原则划分敌友,被卷入了政治之中。这个问题比施米特的"敌友划分"更为根本。[17]

接下来,阿甘本要做的就不是像施米特那样关心主权者的决断问题,主权者的决断在阿甘本的概念世界中自然被理解为一种将一个赤裸生命纳入法律和政治框架内部的过程。在这个意义上,由主权者开启的所谓的例外状态无法被真正开启,因为例外状态的拓扑学结构恰恰位于政治之中,主权者亦如此。这样一来,主权者与赤裸生命、惯常状态与例外状态之间的关系就变得彻底模糊了起来。

某种程度上来说,阿甘本认为,没有任何凝固的状态,任何的状态首先是变动不居的。而一切的状态正是在"决断"之下,每时每刻都处于移动之中。此般"决断"如同一台永动机。这也就意味着,从自然状态过渡到市民国家,这一我们默认约定俗成的历史时刻从未完成。[18] 由此阿甘本推导出,每一个臣民都被国家机器变成了向死亡敞开的生命,在此意义上主权者与"牲

---

[15] bios 与 zoē 都是来自古希腊的概念,这两个词虽然都可以被理解成生命,但其内涵有着显著的不同。bios 指政治共同体内的生命,需要履行城邦内的义务以获得城邦内成员的承认;而 zoē 即"赤裸生命",指未被政治共同体承认、容纳的生命。面对这样的生命,共同体可予以消灭,不予承认。阿甘本用这对概念形容现代世界人的脆弱。

[16] 参见王钦:《悬而未决的主权决断——论卡尔·施米特及其他》,East Asian Academy For New Liberal Arts, the University of Tokyo(EAA)2023 年版,第 117—118 页。

[17] 参见同上,第 118 页。

[18] 参见同上,第 129 页。

人"之间的概念亦被彻底模糊化。

阿甘本这种彻底模糊一切边界的做法最终导致的结果亦是无尽的相对主义与虚无。因为这样一来，一切人权、正义等概念将统统变为无效概念，集中营与民主国家也失去了分别。作者对阿甘本的这种"不加区分地将现代国家的各种政治实践都纳入一个无区分空间之中的总体性批判的理论视野"[19]表示了质疑。纵使这种总体性的批判超越了古今之变的视野，将视野聚焦于整个西方政治思想的传统，但这一过程中的无根性和自我封闭是显而易见的，它丧失了由例外状态而带来的危机视野。而这样的危机视野正是施米特带给我们的最为宝贵的东西。

大体上来说，在第二部分（第四章到第五章），作者敏锐地捕捉到了德勒兹和阿甘本的命题中含有一些对施米特根本前提的质疑，即德勒兹的作为"流"的nomos，以及阿甘本先于政治的赤裸生命。然而沿着德勒兹与阿甘本的思路走下去，我们无法找到对于施米特问题的补充答案，只能找到意味着某种无尽的虚无以及无效的概念。

四、大地的法与具体的生存秩序

在梳理完德勒兹与阿甘本关于nomos的讨论以后，第三部分聚焦于施米特nomos的具体内涵。作者首先意识到了施米特问题域的转变，侧重点从讨论具体国家内部的政治、"主权国家的瓦解"，转变为国际法、国际关系、"世界秩序"本身的瓦解。这部欧洲公法的历史的演变亦同样可以被理解为施米特为世界开出的药方——当德国战败，通过政治重溯那个已然逝去的"天主教会矛盾综合体"已经不可能了，召唤全新的大地的法的秩序已然成了施米特全新的精神定向。

---

[19] 王钦：《悬而未决的主权决断——论卡尔·施米特及其他》，East Asian Academy For New Liberal Arts, the University of Tokyo（EAA）2023年版，第131页。

在整个第三部分的讨论中，作者用两条线索将整本书的架构串联了起来。第一条线索可以被称作内在线索，即中世纪教会与帝国之间的空间秩序的解体。中世纪的欧洲表面上看邦国林立，然而其内部却有着一个至高的基督教精神秩序。这套精神秩序在很长一段时间内都不会为现实的政治变革所撼动。这套精神秩序注定了人不可僭越神，在基督教共同体内部对他国发动某种圣战，而只能遵循着某种既定的战争法则进行有限的战争，也就是面对着"正当敌人"，进行"非歧视性"的战斗。[20] 然而伴随着政教分离，这个精神共同体也随之中断。当基督教精神体瓦解后，共同体分崩离析的结局便显而易见了。在政教分离的过程中，最为至关重要的变化在于过往的"对立复合体"的消失，这便意味着活生生的秩序与存在链条的断裂，由此引向了一整套以抽象的、中立的法则对于世界的支配与统治。在此意义上，施米特通过梳理欧洲大陆 nomos 的生成史，将其所有早年对于自由主义的批判融汇了起来。

第二条线索则是外在线索，这条外在线索贯穿于施米特对于"陆地与海洋"命题的思考之中。即地理大发现以来欧洲国家对于新世界的占取。表面上看，这个过程只是欧洲国家将自己的秩序与规则施加到全世界的一个过程，然而绝非如此简单。在这个欧洲国家将自己的秩序与规则施加到全世界的过程中，欧洲自己的秩序结构也正在经历着第一条线索之中所发生的改变——基督教秩序的消失、战争概念的转变。如此一来，内与外、欧洲与美洲便被清晰地划分了出来。同时被划分出来的，还有陆地与海洋不同的 nomos。在施米特看来，绝不仅是地理大发现所带来的物种人种大交换改变了世界秩序，海洋的 nomos 取代了陆地的 no-

---

[20] 参见王钦：《悬而未决的主权决断——论卡尔·施米特及其他》，East Asian Academy For New Liberal Arts, the University of Tokyo（EAA）2023 年版，第 141 页。

mos 才是真正意义上的古今之法变。

施米特有关大地的法的论述接续了他在 1939 年写作的有关"大空间"的论述。这篇有关"禁止干涉大空间"的论文被许多人视作施米特利用其"大空间的理论"为德国的侵略和兼并做辩护的典范。然而如果我们将施米特的政治主张放在他的整个思想脉络进行考察便会发现,他真正捍卫的并不是纳粹抑或第三帝国,也不是任何意义上的君主集权制。他始终反对的是抽象的法条对于人类价值与大地的法的僭越,英美自由主义与海洋文明要将由其文明引申出的秩序与价值的触角伸向欧洲大陆。在此意义上,第二次世界大战中德国的形象,便成为施米特心中捍卫大地法的"阻拦者"形象。德国虽然战败,但大地法的理想永驻。

作者在整个第三部分不断强调的是作为具体的空间秩序的内涵的大地的法。这种大地的法不会消弭在陆地与海洋的对立之中。"陆地规定了人的基本存在方式,人们对于土地的占有、划分,在土地上从事生产和劳作,自然而然产生出秩序和边界,从而确立最初的法律和权利。"[21] 作者在第七章的末尾不断地强调"大地法"的跨时代意义。在作者看来,施米特并不是任何意义上的怀旧主义者,而是正在为即将到来的陆地与海洋的新的平衡写下一部全新的序曲。

五、结语

全书不过寥寥一百多页,却比一些研究施米特的大部头著作更令人印象深刻。没有繁杂的材料堆砌,也没有流于意识形态或仅是出于某种道德义愤的批判,王钦老师总是抓住施米特主要问题的关节,向我们呈现一个立体全面的施米特。作者通过将施米特再语境化,让施米特在与不同思想家对话的张力与切实的问题

---

[21] 王钦:《悬而未决的主权决断——论卡尔·施米特及其他》,East Asian Academy For New Liberal Arts, the University of Tokyo(EAA)2023 年版,第 168 页。

中重获新生，这便是这本小书最出彩的地方。这样的研究对于今天的中国来说无疑非常有必要。我们需要真正理解这些思想家的切身关切，以此对观我们自己的命运，理解我们时代的根本问题，在与不同思想家的对话中找寻属于我们自己的世界历史时刻与精神。

图书在版编目（CIP）数据

政治与法律评论. 第14辑, 政法法学的新视野 / 章永乐主编；吴双执行主编. -- 北京：当代世界出版社，2025.5. -- ISBN 978-7-5090-1906-1

Ⅰ. D90-05

中国国家版本馆 CIP 数据核字第 2025GM4202 号

书　　　名：	政法法学的新视野
出 品 人：	李双伍
监　　　制：	吕　辉
责任编辑：	高　冉
助理编辑：	田梦瑶
出版发行：	当代世界出版社
地　　　址：	北京市东城区地安门东大街70-9号
邮　　　编：	100009
邮　　　箱：	ddsjchubanshe@163.com
编务电话：	(010) 83907528
	(010) 83908410 转 804
发行电话：	(010) 83908410 转 812
传　　　真：	(010) 83908410 转 806
经　　　销：	新华书店
印　　　刷：	北京汇瑞嘉合文化发展有限公司
开　　　本：	710毫米×1000毫米　1/16
印　　　张：	13.25
字　　　数：	160千字
版　　　次：	2025年5月第1版
印　　　次：	2025年5月第1次
书　　　号：	978-7-5090-1906-1
定　　　价：	88.00元

法律顾问：北京市东卫律师事务所　钱汪龙律师团队　(010) 65542827
版权所有，翻印必究；未经许可，不得转载。